人力资源管理信息系统

主　编◎徐大丰　范文锋　牛海燕
副主编◎张　蕊

首都经济贸易大学出版社
Capital University of Economics and Business Press
·北京·

图书在版编目（CIP）数据

人力资源管理信息系统/徐大丰，范文锋，牛海燕主编.
--北京：首都经济贸易大学出版社，2022.10
ISBN 978-7-5638-3379-5

Ⅰ.①人… Ⅱ.①徐…②范…③牛… Ⅲ.①人力资源管理—管理信息系统 Ⅳ.①F243-39

中国版本图书馆CIP数据核字（2022）第111147号

人力资源管理信息系统
徐大丰　范文锋　牛海燕　主　编
RENLI ZIYUAN GUANLI XINXI XITONG

责任编辑	杨丹璇
封面设计	砚祥志远·激光照排　TEL：010-65976003
出版发行	首都经济贸易大学出版社
地　　址	北京市朝阳区红庙（邮编100026）
电　　话	（010）65976483　65065761　65071505（传真）
网　　址	https：//sjmcb.cueb.edu.cn
经　　销	全国新华书店
照　　排	北京砚祥志远激光照排技术有限公司
印　　刷	唐山玺诚印务有限公司
成品尺寸	170毫米×240毫米　1/16
字　　数	246千字
印　　张	13.75
版　　次	2022年10月第1版
印　　次	2025年8月第2次印刷
书　　号	ISBN 978-7-5638-3379-5
定　　价	39.00元

图书印装若有质量问题，本社负责调换
版权所有　侵权必究

编委会名单

陈　野	范文锋	郭如平	郝　丽	何岩枫
江永众	孔　冬	兰　兰	李　丹	李海波
李丽萍	陆怡君	牛海燕	彭十一	史　洁
孙　华	田凤娟	田　辉	王小艳	夏　徽
徐大丰	叶晟婷	张晶晶	张　蕊	张永生
赵欢君	赵　爽	赵　瑜	周文彬	

前 言

人力资源管理是企业根据企业发展战略的要求，有计划地对人力资源进行合理配置，通过对企业员工的招聘、培训、入职、考核、激励、调整等过程，利用薪酬、福利机制有力调动员工的积极性，通过培训、绩效考核充分发挥员工的潜能，为企业创造更多价值，给企业带来效益的一系列管理活动。

在人力资源管理工作中，企业运用现代管理方法和技术手段，对人力资源进行有效的管理，最终实现企业发展的战略目标。随着人力资源管理科学理论和信息技术的发展，人力资源管理工作从传统的工作方式向信息化管理方式转变，企业实现了计算机化的人力资源管理工作，提高了人力资源管理工作的效率。然而，由于技术发展和人们观念等原因，目前企业利用计算机进行人力资源管理还处于初级化管理阶段，人力资源管理工作依旧停留在利用计算机进行简单事务的处理上，很多工作就是将数据保存到计算机中，因此是一种形式上的转变，没有形成系统化的信息处理方式。伴随着信息管理技术的发展和人才的不断涌现，企业根据自身战略发展的需要，利用技术手段进行管理，建立适合企业管理需要的人力资源管理信息系统，对提升企业的管理效率具有较大的现实意义。

人力资源管理信息系统是信息技术与人力资源管理业务结合的产物。人力资源管理信息系统主要用于企业员工的档案、招聘、职位、岗位、薪资、保险福利、考勤、考核、合同、报表的信息管理工作，便于公司领导掌握人员的动向，及时调整人才的分配，同时也减少了手工操作带来的一些烦琐与不便，使员工情况的查询和统计变得十分简单。实践表明，在人力资源管理工作中采用人力资源管理信息系统进行管理，将有力地帮助企业的人力资源管理人员在多变的环境中准确、快速地分析和决策。同时，信息科学技术将使人力资源管理体系随着信息流的延伸或改变而突破过去封闭的管理模式，延伸到企业内外的各个环节，使得企业内的各级管理者及普通员工也能参与人力资源的管理活动，并利用互联网技术与组织外部建立各种联系。建设和应用人力资源管理信息系统，不仅可以提高人力资源管理部门的工作效率、规范人力资源管理部门业务运作的流程、优化人力资源管理者的工作，还能提高这一职能部门的服务质量、服务档次，为企业和员工提供增值服务。因此，人力资源管理信息系统是人力资源管理信息化、智能化、科学化和正规化不可缺少的管理软件。

本书结合企业人力资源管理的业务工作，详细介绍了企业 E-HR 智能管理系统版本中人力资源管理系统的功能和操作流程，内容涉及组织结构管理、档案管理、合同管理、社保管理、考勤管理、招聘管理、培训管理、绩效管理、薪酬管理、报表中心等，不仅有助于学习者清晰认识人力资源管理活动及过程、熟练掌握人力资源管理业务循环的具体操作步骤，同时也有助于管理者从企业 E-HR 智能管理系统中获取管理企业所需的人力资源管理信息。

本教材编写分工为：山东交通学院徐大丰负责全书框架设计、编写及统稿工作，濮阳职业技术学院牛海燕负责排版、审核全文图文。内容编写的具体分工为：第1章、第2章、第3章、第4章由山东交通学院徐大丰编写，第5章、第6章、第11章、第13章由濮阳职业技术学院牛海燕编写，第7章、第8章、第12章由湖南工学院范文锋编写，第9章、第10章由天津职业大学张蕊编写。

全书各章节分为基础知识+实战训练，围绕理论+系统+工具+案例进行说明，突出实践环节。本书可供从事人力资源管理的人员以及高等院校人力资源管理、经济管理等专业的学生学习利用人力资源管理信息系统进行人力资源管理的知识，学习利用技术手段辅助人力资源管理的技能。本书疏漏之处在所难免，欢迎批评指正。

目 录

1 走近人力资源管理信息系统 …………… 1
   1.1 教程使用导航 ………………………… 1
   1.2 认识企业 E-HR 智能管理系统 ……… 4

2 系统构建 …………………………………… 5
   2.1 设计思路 ……………………………… 5
   2.2 系统概述 ……………………………… 5
   2.3 安装指南 ……………………………… 12

3 操作指南 …………………………………… 17
   3.1 用户登录 ……………………………… 17
   3.2 管理员端操作指南 …………………… 18
   3.3 教师端操作指南 ……………………… 22
   3.4 企业端操作指南 ……………………… 27

4 组织结构管理 ……………………………… 96
   4.1 公司设置 ……………………………… 96
   4.2 部门设置 ……………………………… 98
   4.3 岗位设置 ……………………………… 100

5 档案管理 …………………………………… 104
   5.1 人事档案 ……………………………… 105

5.2　人事报表 …………………………………………… 106

6　合同管理 …………………………………………… 111
6.1　劳动合同 …………………………………………… 112
6.2　培训协议 …………………………………………… 116
6.3　保密协议 …………………………………………… 118

7　社保管理 …………………………………………… 120
7.1　社保参数 …………………………………………… 121
7.2　社会保险 …………………………………………… 122
7.3　住房公积金 ………………………………………… 124

8　考勤管理 …………………………………………… 126
8.1　基本参数 …………………………………………… 127
8.2　日常考勤 …………………………………………… 129
8.3　假期管理 …………………………………………… 130
8.4　出差管理 …………………………………………… 132
8.5　加班管理 …………………………………………… 135

9　招聘管理 …………………………………………… 138
9.1　招聘渠道 …………………………………………… 139
9.2　招聘需求 …………………………………………… 143
9.3　招聘计划 …………………………………………… 148
9.4　招聘管理 …………………………………………… 150
9.5　人才库管理 ………………………………………… 152

10　培训管理 ………………………………………… 155
10.1　培训资源管理 …………………………………… 156
10.2　培训需求 ………………………………………… 157
10.3　培训计划 ………………………………………… 160
10.4　培训活动 ………………………………………… 162

10.5 培训评估 …………………………………… 164
10.6 员工培训档案 ……………………………… 166
10.7 统计分析 …………………………………… 168

11 绩效管理 …………………………………… 172
11.1 考核指标 …………………………………… 173
11.2 考核类型 …………………………………… 175
11.3 考核方法 …………………………………… 176
11.4 绩效标准 …………………………………… 179
11.5 员工考核 …………………………………… 182
11.6 绩效工资 …………………………………… 184

12 薪酬管理 …………………………………… 186
12.1 计件管理与计件录入 ……………………… 187
12.2 工资标准与工资录入 ……………………… 189
12.3 薪资调整 …………………………………… 191

13 报表中心 …………………………………… 193

附录 ……………………………………………… 196

1 走近人力资源管理信息系统

1.1 教程使用导航

1.1.1 编写思想

本教材是为贯彻教育部"把创新创业教育深度融入专业教育和文化素质教育教学"的思想指导精神，顺应经管类各学科拓宽专业基础、强化实践教学、优化整体人才培养体系的教学改革形势，面向应用型高校新文科类人才的人力资源管理信息系统通识教育需要而编写的。本教材共包括13章，每章分为基础知识+实战训练，围绕理论+系统+工具+案例进行说明，突出实践环节。

1.1.2 编写特色

本教材的人力资源管理信息系统是以企业 E-HR 智能管理系统为依托的，系统分为管理员、教师、学生三种角色子系统，各个角色在该系统操作中各有不同的任务。该系统主要由管理员为教师与学生创建适于教学的氛围，教师发布企业相关背景资料和人员数据。本系统主要由档案管理、合同管理、社保管理、考勤管理、招聘管理、培训管理、绩效管理、薪酬管理等功能模块组成。

本系统的用户类型分为管理员、教师、学生三级用户，基本权限如下：

管理员用户：具有系统数据整体备份权限，可添加和管理教师账号，无开设课程权限。

教师用户：具有开设课程、添加并管理学生账号权限，可设置背景资料，可查看但无权限修改管理员上传的默认背景资料。

学生用户：具有操作本账号的权限，无管理其他账号的权限，可查看教师和管理员上传的各类资料但无权限修改。

本教材具有以下特色。

1.1.2.1 体系完整规范，内容专业全面

以企业真实经营管理业务过程为主线贯彻始终，系统涵盖企业人力资源（HR）日常管理八大模块知识内容，各模块围绕背景资料以流程化推进；全景模拟人力资源管理问题解决过程，引导学生思考实践。

1.1.2.2 重视教、学互动

教材教学软件操作中，学生与学生、学生与教师之间可实时交流互动，提升课堂气氛，避免协作时沟通困难。

1.1.2.3 学习方式灵活

考虑到课时有限，很多实训项目需要由学生在课外自行完成，因此，在实训原理部分，将理论知识进行简要概述，尤其是操作指导部分，针对不同业务给出非常详尽的操作步骤以及全面分析的实训报告，内含学生操作解读分析及多维度全方位多种数据整合分析，学生及教师可自主查询，以此为对照，学生便可以按部就班地完成全部实训操作，掌握本教材教学软件的精要。

1.1.2.4 在实践中学习理论

本教材立足创新创业人才的培养，在实践中学习人力资源管理相关的理论知识，让学生更直观地了解人力资源管理相关信息的搜集过程以及数据处理的流程和结果。

1.1.2.5 教师、管理员端协助管理

教师端主要功能为管理整个实验过程，对各种实验数据、背景资料进行修改，保证实验的顺利进行；管理员端用于维护系统运行的稳定，对教师信息具有管理功能。

1.1.2.6 过程自动记录

学生的所有操作和决策过程自动记录，能实时查询做过的所有操作。

1.1.2.7 数据实时分析

课程教学中，实现学生上课情况多维度动态数据展示分析，教师能实时查看操作数据，便于指导与分析点评。

1.1.2.8 无值守操作

教师可实现全程无须参与,由系统自主判断和进行,帮助教师留出更多空余时间关注学生具体操作,与学生进行交流,并提供指导。

1.1.3 学习建议

本教材旨在让学生了解人力资源管理的原理,体验人力资源管理信息化的优势,熟悉和掌握人员招聘、考核、管理等各项目模块的基本操作。因此,在学习时,可采用以下两种学习路线。

1.1.3.1 从理论到实践

在每个实训项目模块开始之前,通过实训模块项目的介绍,让学生了解实训的相关理论知识和原理,然后通过实训进行验证。其优点是在掌握基本理论的基础上,通过实训检验理论的有效性,更好地理解相关理论知识。

1.1.3.2 从实践到理论

先进行实训操作,然后对实训结果进行分组讨论和总结,最后上升至相关理论知识。其优点是从实践到理论更直观易懂,更符合理论来源于实践的原则,对学生创新性思维和能力培养有着积极的推动作用。

本教材的实训课时应根据学生的不同层次、不同需求进行灵活安排,建议每个实训模块项目安排 1~4 学时(具体的学时安排见表 1-1)。

表 1-1 实训内容学时分配表

实训内容	讲授课时	上机课时	合计
模块一 系统构建	1	1	2
模块二 操作指南	0.5	0.5	1
模块三 组织结构管理	1	1	2
模块四 档案管理	0.5	1.5	2
模块五 合同管理	0.5	3.5	4
模块六 社保管理	0.5	3.5	4
模块七 考勤管理	0.5	1.5	2
模块八 招聘管理	0.5	1.5	2
模块九 培训管理	0.5	2	2.5
模块十 绩效管理	0.5	2	2.5

续表

实训内容	讲授课时	上机课时	合计
模块十一　薪酬管理	0.5	3.5	4
模块十二　报表中心	0.5	3.5	4
总计	7	25	32

1.2　认识企业 E-HR 智能管理系统

企业 E-HR 智能管理系统是浙江精创教育科技有限公司开发的一款人力资源管理实训产品，该产品将企业运营中的人力资源部门的日常经营事务融入虚拟企业的人力资源管理，包含档案管理、合同管理、社保管理、考勤管理、招聘管理、培训管理、绩效管理、薪酬管理、报表中心等操作模块。学生通过企业 E-HR 智能管理系统可以了解企业中 HR 的日常经营事务，提升人力资源管理专业知识水平和实际操作能力。

浙江精创教育科技有限公司是一家集教育仿真软件产品的研发、销售、服务于一体的国家高新技术企业，也是中国领先的高校商科仿真模拟实践教学解决方案提供商。公司坚持以"让商科实验教学更有趣、更实用、更智能"的发展理念，与院校共同构建实践育人新高度，助推优秀商科人才的培育。目前，公司拥有 50 余项专利、软件著作权等知识产权，公司现为国家高新技术企业、浙江省嘉兴市领军人才企业、浙江省双软企业、浙江省科技型企业、ISO 20000 信息技术服务管理体系认证企业、ISO 27001 信息安全管理体系认证企业、全国大学生人力资源管理知识技能竞赛指定软件提供商。

2 系统构建

2.1 设计思路

企业 E-HR 智能管理系统设计的基本思路是通过精选教师授课和企业实操比较关注的内容,同时结合典型教学实践来进行教学化设计。它不仅帮助教师传授相关知识技能,而且以教学内容的典型案例分析为基础构建学习内容,有效解决传统教学中理论与实践脱节的问题。

本系统分为学生、教师、管理员三种角色子系统,采用 ASP.NET(C#)技术开发的分层结构开发模式,系统后台数据设置灵活。教师可以根据需要设置案例内容,以此来改变实训内容的难易程度。同时,系统的智能反馈机制也能让老师实时了解学生的实训情况,进一步提高整个实践教学的质量。

2.2 系统概述

2.2.1 系统基本介绍

企业 E-HR 智能管理系统将企业运营中的人力资源部门的日常经营事务融入虚拟企业的人力资源管理,使学生在模拟情境中快速掌握这一专业性极强的学科知识,并使复杂、抽象、枯燥的企业 HR 日常管理知识趣味化、生动化和形象化。

企业 E-HR 智能管理系统主要包含档案管理、合同管理、社保管理、考勤管理、招聘管理、培训管理、绩效管理、薪酬管理、报表中心等操作模块,让学生运用所学的知识技能，完成系统上的实训，最终提升人力资源管理专业知识水平，了解企业中 HR 的日常经营事务。

在整个模拟实训练习过程中，学生根据案例资料对员工的人事情况变动进行记录，管理劳动合同的签订，核算员工薪酬，为员工申报社保公积金，制定合适的绩效考核体系，统计员工考勤，安排企业的招聘和人员培训并记录相关信息，在亲身体验复杂琐碎的企业人力资源管理的过程中学习知识、掌握技巧，将理论知识与实际操作相融合，从而使学生全面掌握关于企业人力资源管理的实务操作技能，提高学生的专业知识学习能力。

2.2.2 系统功能

软件包括管理员端、教师端、企业端三部分。

2.2.2.1 管理员端程序功能

管理员端的主要功能是维护系统运行的稳定，管理教师信息。其功能模块包括教师管理、数据备份、操作日志（如图 2-1 所示）。

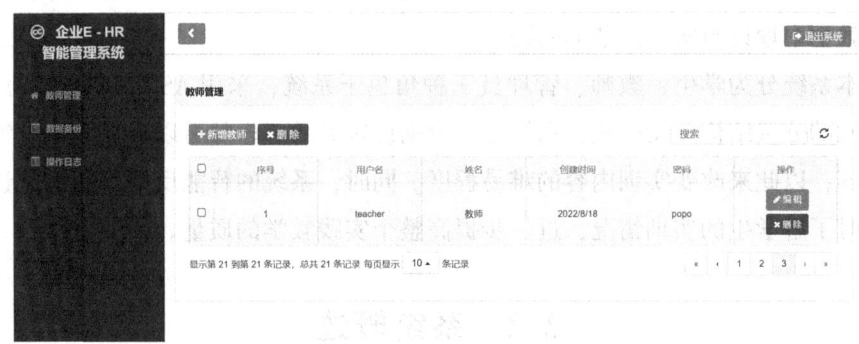

图 2-1 管理员端

①教师管理：管理企业 E-HR 智能管理系统的所有教师账号。系统管理员可对系统中的教师信息进行编辑，如修改教师的真实姓名、密码、手机号码、邮箱。

②数据备份：备份整体系统数据。

③操作日志：查看教师和管理员的操作内容。

2.2.2.2 教师端程序功能

教师端的主要功能为管理整个实训过程，主要功能模块有教学任务和背景资料（如图2-2所示）。

图2-2 教师端

①教学任务：新增任务，并可查看每个学生的详情。
②背景资料：新增资料，并可进行查看、编辑和删除等操作。

2.2.2.3 企业端程序功能

在企业E-HR智能管理系统中，企业端程序的功能模块包括档案管理、合同管理、社保管理、考勤管理、招聘管理、培训管理、绩效管理、薪酬管理、报表中心、预警提示等（如图2-3所示）。

图2-3 企业端

①档案管理：档案管理是对企业所有员工人事信息的管理以及基础人事业务的信息录入。人事业务办理包括员工入职、员工转正、调岗离职、奖励处分、员工复职、工作经历、学习经历、职称管理、查看档案、人事报表（如图2-4所示）。

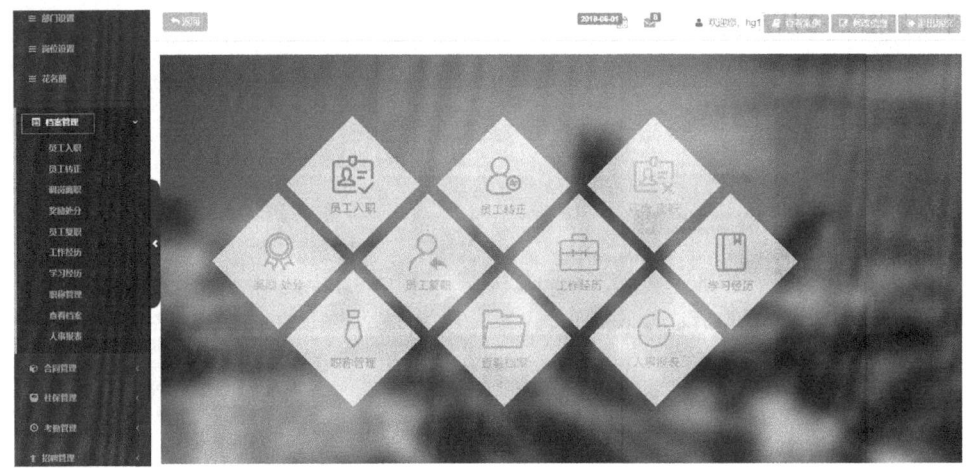

图 2-4 档案管理

②合同管理：对员工的劳动合同、培训协议、保密协议进行新签、续签等操作，提供劳动合同期满提醒、未签劳动合同人员提醒、合同续签提醒（如图 2-5 所示）。

图 2-5 合同管理

③社保管理：为员工批量创建保险账户、社保缴费自动核算、工资计算中自动引入社保缴费数据，包括社保参数、社会保险、住房公积金、报表查询（如图 2-6 所示）。

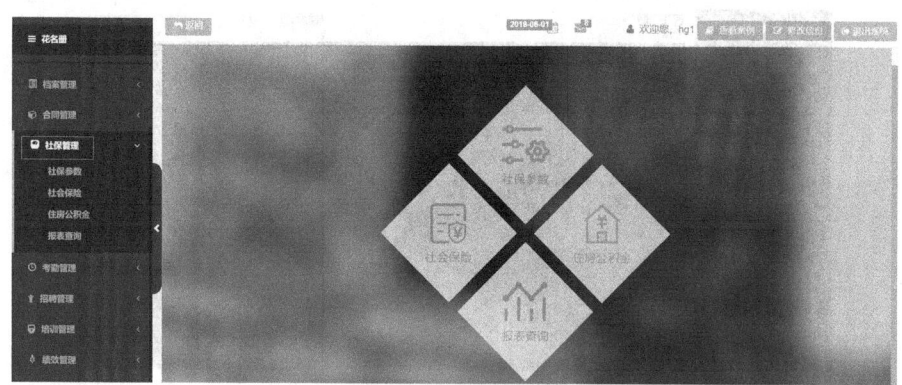

图 2-6　社保管理

④考勤管理：对公司员工每月考勤情况进行详细的记录，包括基本参数、日常考勤、假期管理、出差管理、加班管理、考勤报表。支持请假、出差、加班、调休、迟到早退、缺勤、外勤、年休假等考勤业务管理，每月考勤结果可以直接引用到薪酬模块（如图 2-7 所示）。

图 2-7　考勤管理

⑤招聘管理：包括招聘计划、应聘人员、人员录用、后备人才库、招聘报表（如图 2-8 所示）。

⑥培训管理：包括培训需求、培训计划、培训记录、培训报表（如图 2-9 所示）。

图 2-8　招聘管理

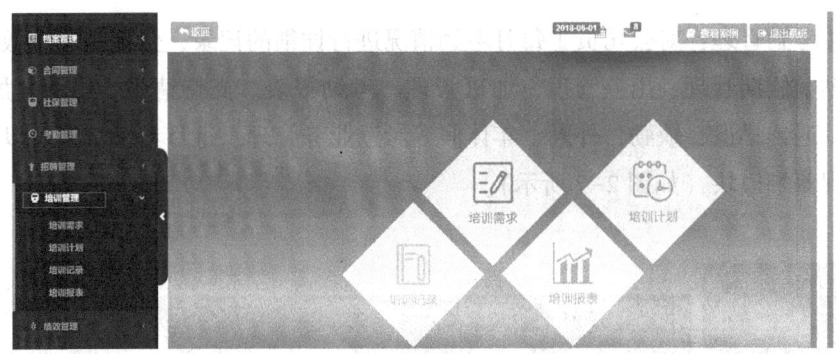

图 2-9　培训管理

⑦绩效管理：包括考核指标、考核类型、考核方法、绩效标准、员工考核、绩效工资、考核报表（如图 2-10 所示）。

图 2-10　绩效管理

⑧薪酬管理：包括计件管理、计件录入、工资标准、工资录入、薪资调整、工资账簿、工资报表、工资查询（如图 2-11 所示）。

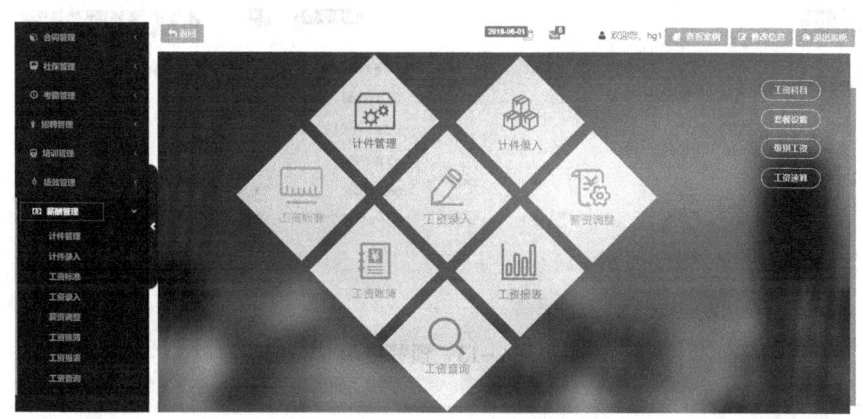

图 2-11　薪酬管理

⑨报表中心：可以自行定义各类明细、统计报表，包括人事报表、薪酬报表、合同报表、社保报表等（如图 2-12 所示）。

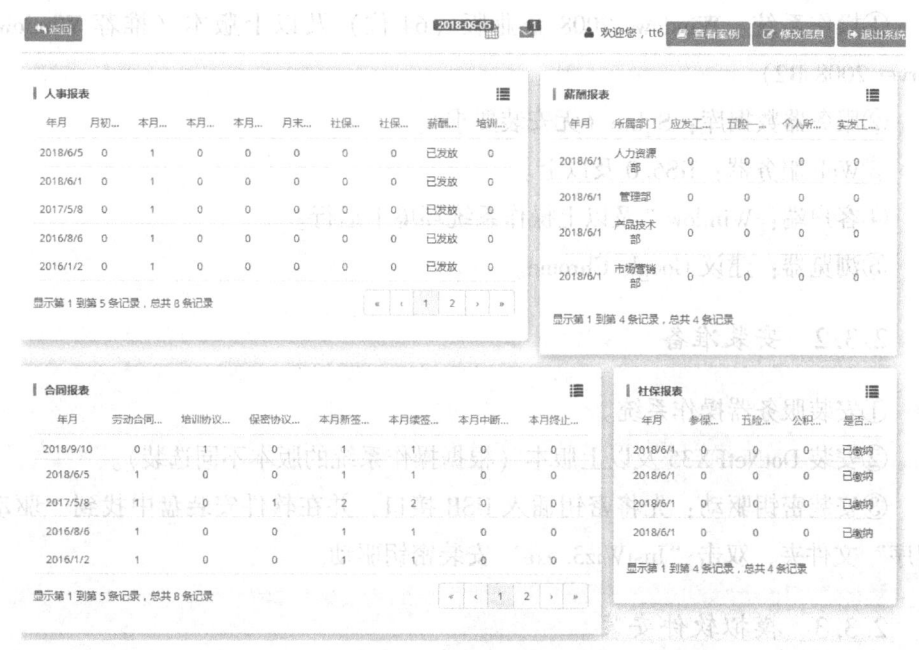

图 2-12　报表中心

⑩预警提示：包括劳动合同期满提醒、员工生日提醒、未签劳动合同人员提醒、员工转正提醒、合同续签提醒等（如图 2-13 所示）。

图 2-13 预警提示

2.3 安装指南

2.3.1 系统安装要求

①操作系统：Windows 2008 企业版（64 位）及以上版本（推荐 Windows Server 2008 R2）。

②服务器数据库：Sqlite（无安装要求）。

③Web 服务器：IIS6.0 及以上。

④客户端：Window 7 及以上操作系统环境下运行。

⑤浏览器：建议 Google Chrome。

2.3.2 安装准备

①安装服务器操作系统。

②安装 DotNetFX35 及以上版本（根据操作系统的版本不同选装）。

③安装密钥驱动：先将密钥插入 USB 接口，并在软件安装盘中找到"驱动程序"文件夹，双击"InstWiz3.exe"安装密钥驱动。

2.3.3 模拟软件安装

①双击企业 E-HR 智能管理系统文件安装包的"setup.exe"，进入安装程序

（如图 2-14 所示）。

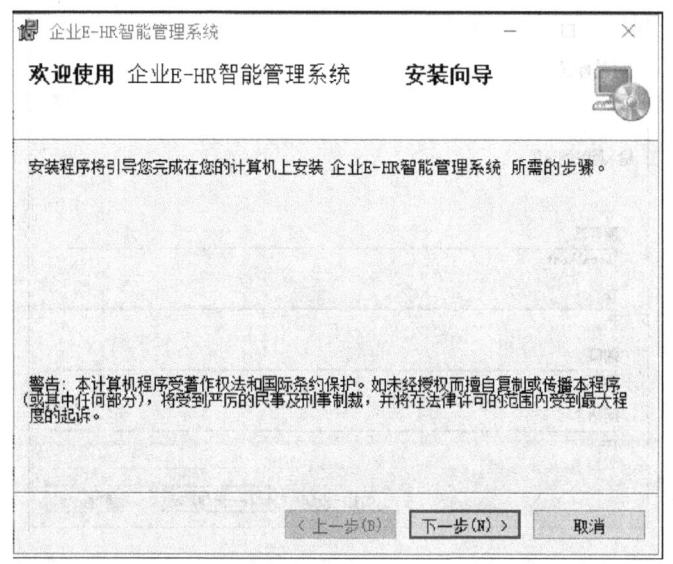

图 2-14　安装向导

②单击"下一步"（如图 2-15 所示），并选择"同意"。

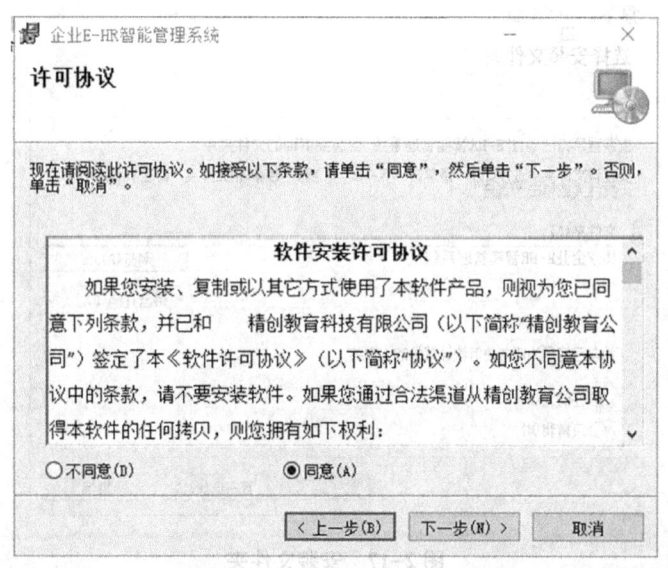

图 2-15　许可协议

③单击"下一步"（如图 2-16 所示），根据提示填写网站配置的相关内容。

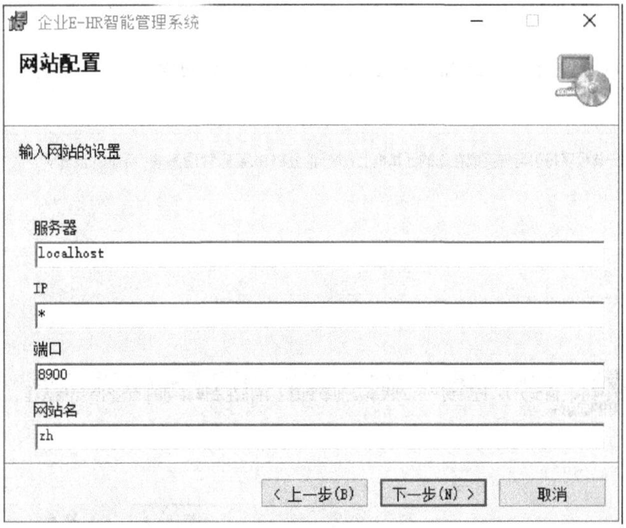

图 2-16　网站配置

④单击"下一步"（如图 2-17 所示），点击"浏览"，选择安装目的地文件夹。

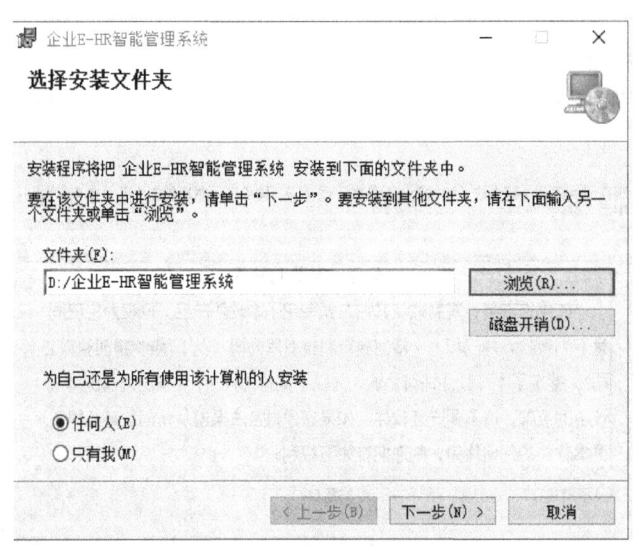

图 2-17　安装文件夹

⑤单击"下一步"（如图 2-18 所示），确认安装。

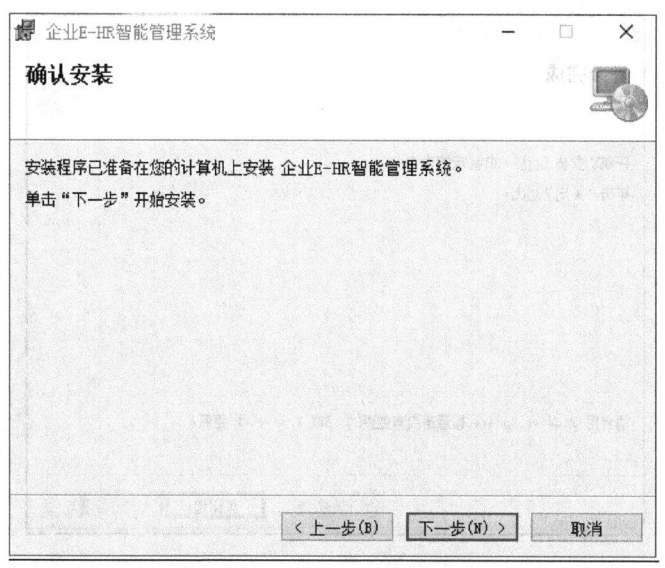

图 2-18 确认安装

⑥单击"下一步",等待安装(如图 2-19 所示)。

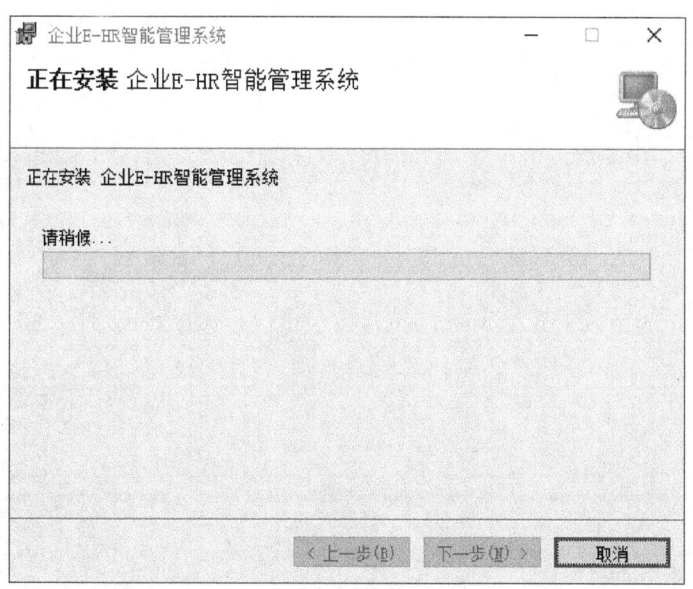

图 2-19 安装中

⑦安装完毕,单击"关闭"(如图 2-20 所示)。

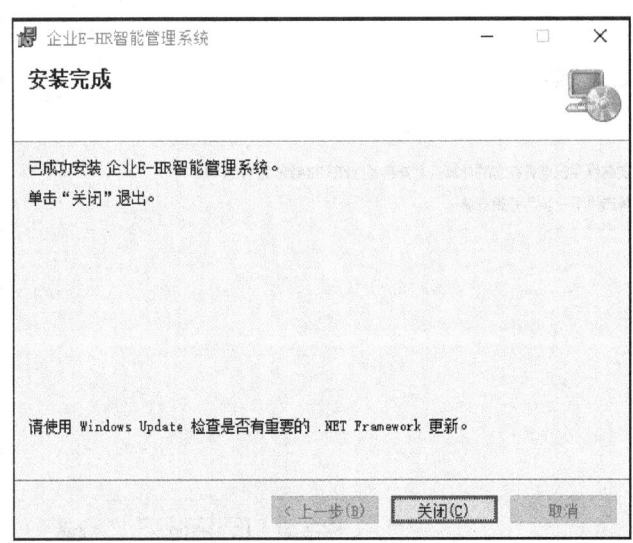

图 2-20　安装完成

⑧系统启动。安装完成之后,打开浏览器,在浏览器的地址栏中输入:http://服务器名称或服务器 IP 地址/端口号。

3 操作指南

3.1 用户登录

在浏览器的地址栏中输入：http://服务器的名称或 IP 地址/Login。

输入地址后按回车键进入企业 E-HR 智能管理系统的登录页面（如图 3-1 所示）。

图 3-1 登录页面

进入登录页面后，输入用户名和密码，选择登录角色，点击"登录"，即可登录系统。其中，管理员的初始账号是 admin，初始密码是 admin；教师账号由管理员创建；学生账号由教师创建。

3.2 管理员端操作指南

登入管理员端后可以看到，管理员具有以下功能：教师管理、数据备份、操作日志（如图 3-2 所示）。

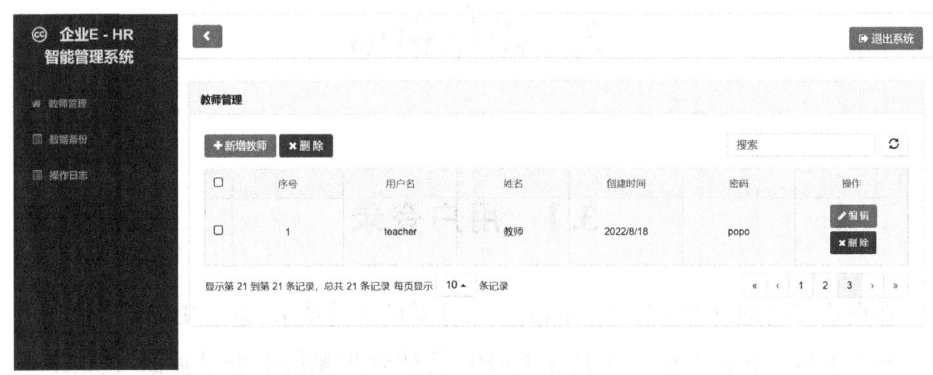

图 3-2 管理员端页面

3.2.1 教师管理

在"教师管理"页面下，系统管理员可以添加教师账号，并且对教师账号进行统一管理。点击"新增教师"按钮（如图 3-3 所示），在跳出的弹窗中填写教师账号的相关信息，其中用户名和密码是必填项，点击"立即提交"后即可生成一条教师信息（如图 3-4 所示）。

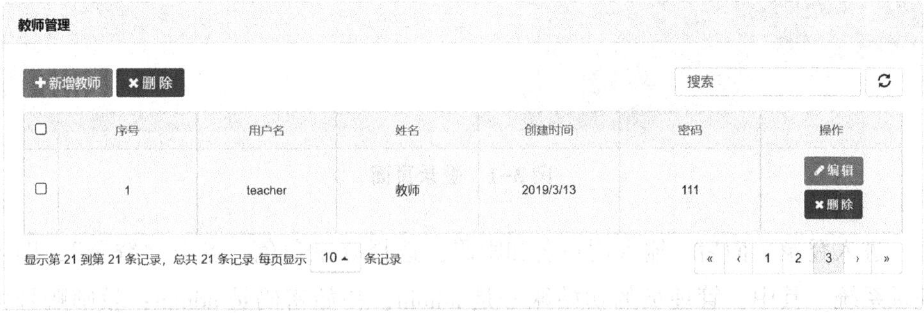

图 3-3 教师管理

图 3-4 新增教师

对已生成的教师账号，点击"编辑"按钮可以对教师信息进行修改（如图 3-5 所示），点击"删除"按钮可以删除对应的教师账号（如图 3-6 所示）。

图 3-5 编辑教师

图 3-6 删除教师

3.2.2 数据备份

点击"备份管理"按钮,进入备份管理界面,点击"备份"按钮(如图 3-7 所示),在跳出的弹窗中填写备份名称,点击"立即提交"按钮,即可添加备份信息(如图 3-8 所示)。

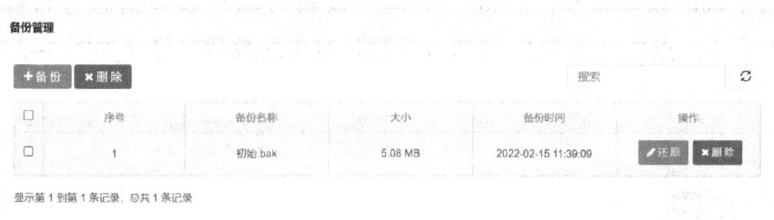

图 3-7 数据备份

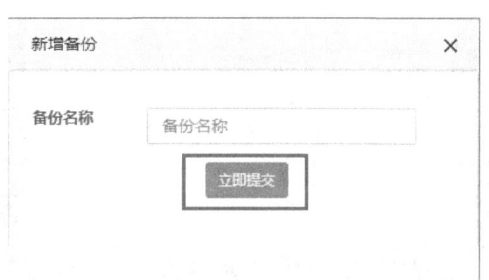

图 3-8 新增备份

对已备份的信息可以点击"还原"或"删除"按钮,在提示弹窗内单击"确定"后,进行备份还原和删除备份(如图 3-9 和图 3-10 所示)。

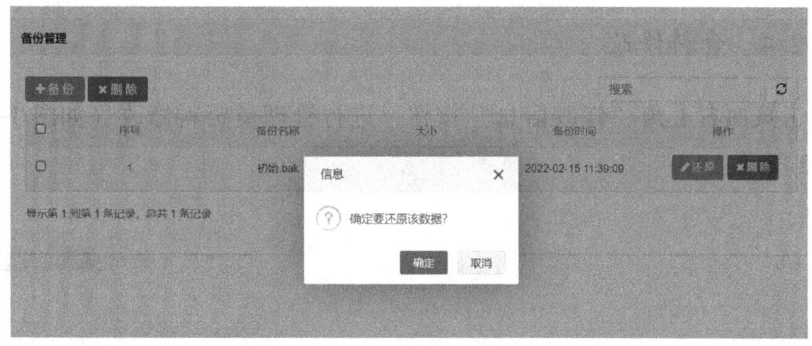

图 3-9　恢复备份

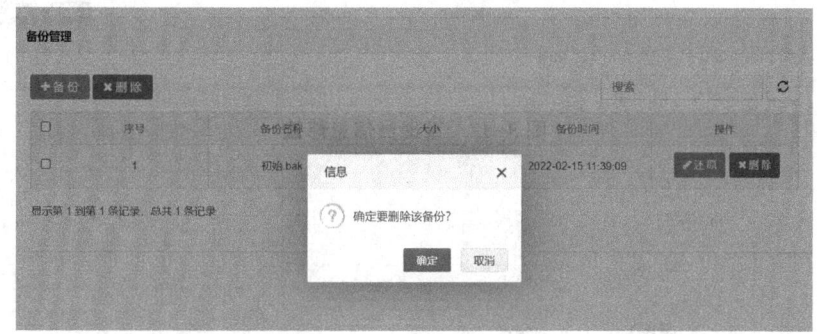

图 3-10　删除备份

3.2.3　操作日志

点击“操作日志”，查看教师和管理员的操作内容（如图 3-11 所示）。

操作日志

用户姓名	登入角色	操作内容	客户端IP	操作时间
admin	admin	新增教师1381810XXXX	10.80.149.186	2022/2/15
admin	admin	编辑教师teacher	10.80.149.186	2022/2/15
xdf	teacher	新增任务xuexi	10.80.149.186	2022/2/15
admin	admin	新增教师xdf	10.80.149.186	2022/2/15
admin	admin	新增备份初始	10.80.149.186	2022/2/15
admin	admin	删除备份初始状态.bak	10.80.149.186	2022/2/15

显示第 361 到第 366 条记录，总共 366 条记录 每页显示 10 条记录　« ‹ 33 34 35 36 37 › »

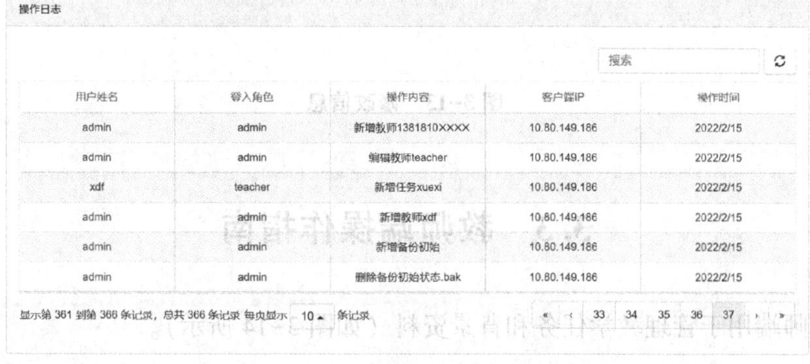

图 3-11　操作日志

3.2.4 资料修改

点击页面右上角"修改信息"按钮，进行管理员资料修改（如图 3-12 和图 3-13 所示）。

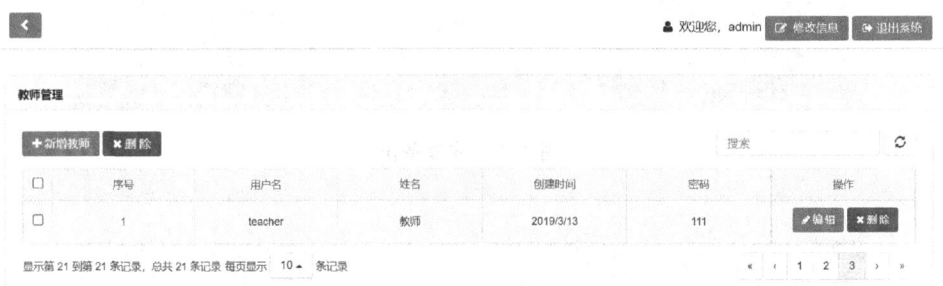

图 3-12　管理员信息修改

图 3-13　修改信息

3.3　教师端操作指南

教师端用于管理教学任务和背景资料（如图 3-14 所示）。

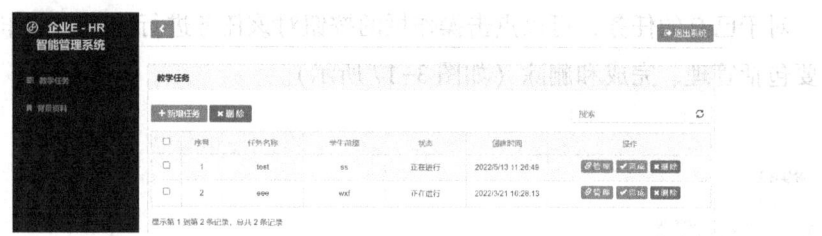

图 3-14　教师端页面

3.3.1　教学任务

在"教学任务"页面下，教师可以为学生创建教学任务，并管理学生账号，查看学生操作详情。

点击"新增任务"按钮新增教学任务（如图 3-15 所示），在新增教学任务时需要输入教学任务的名称、学生账号的用户前缀、任务组数，并选择教学案例，然后点击"立即提交"，完成任务新增（如图 3-16 所示）。

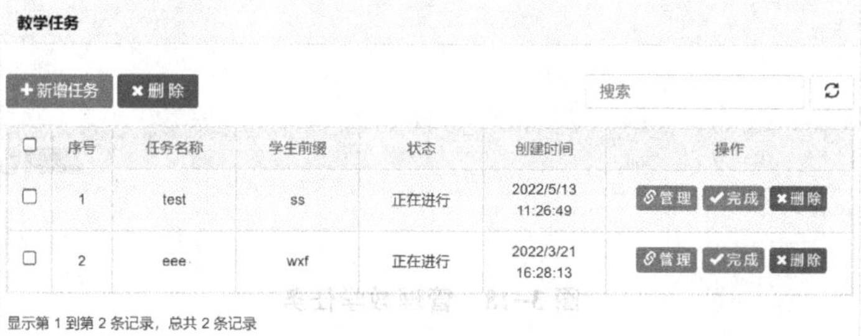

图 3-15　教学任务

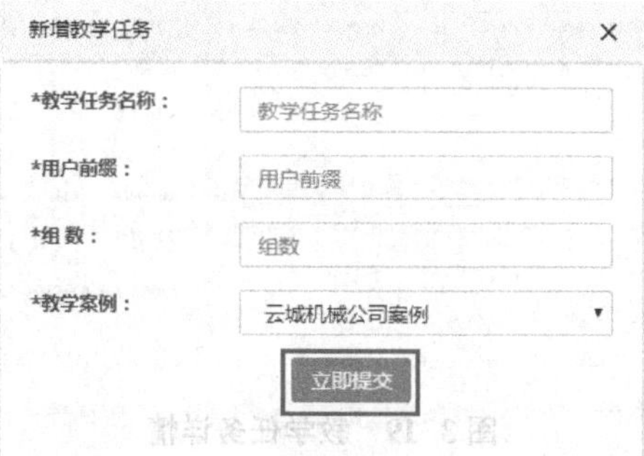

图 3-16　新增教学任务

对于已有的任务，可以点击操作栏的按钮对该任务进行编辑。操作栏的按钮主要包括管理、完成和删除（如图 3-17 所示）。

图 3-17　操作教学任务

点击"管理"按钮，可以进入教学任务管理界面（如图 3-18 所示），可以查看教学任务详情（如图 3-19 所示）。

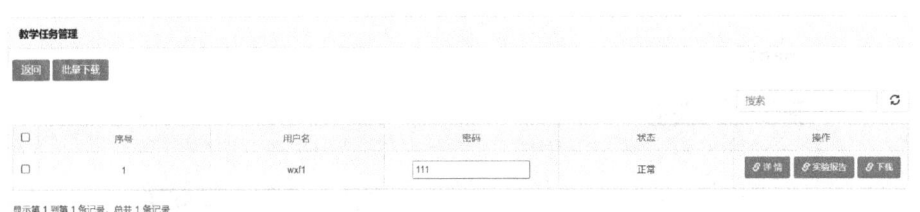

图 3-18　管理教学任务

图 3-19　教学任务详情

点击"完成"按钮，可结束该任务，对于已完成的教学任务，学生不可进行操作（如图 3-20 所示）。

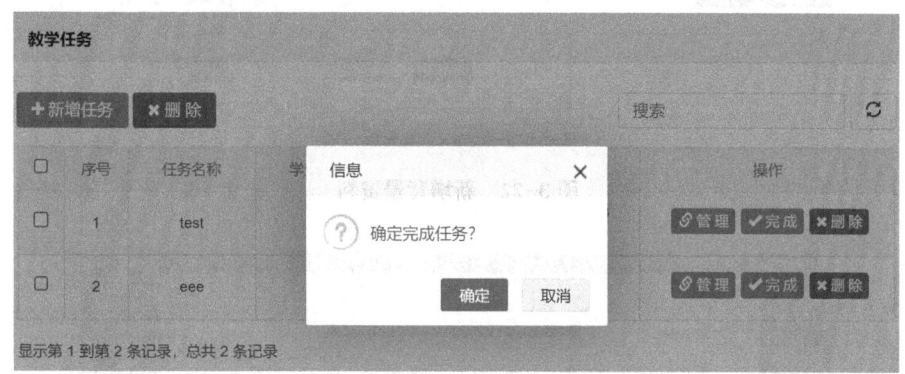

图 3-20　完成教学任务

点击"删除"按钮，可以删除该任务数据，还可以点击上方的"删除"按钮进行教学任务的批量删除（如图 3-21 所示）。

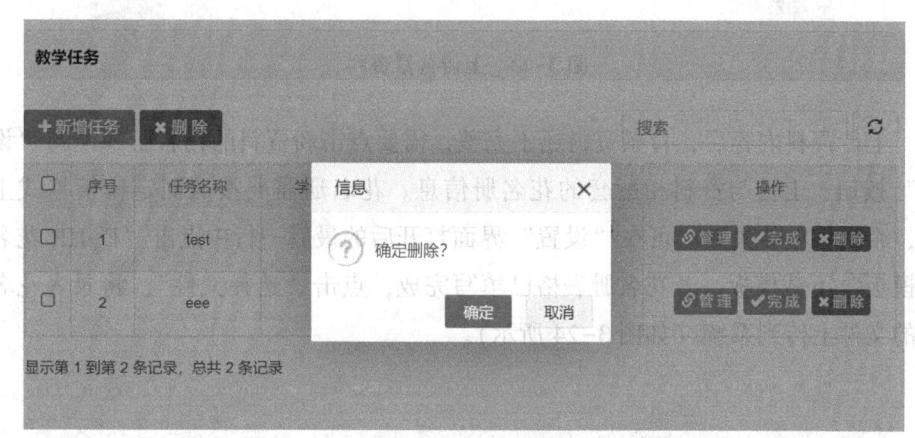

图 3-21　删除教学任务

3.3.2　背景资料

在"背景资料"页面下，由教师上传或编辑教学任务所需的配套背景资料（如图 3-22 所示）。点击"新增资料"按钮，填写资料名称和资料内容，点击"立即提交"按钮，完成资料内容上传（如图 3-23 所示）。

图 3-22 新增背景资料

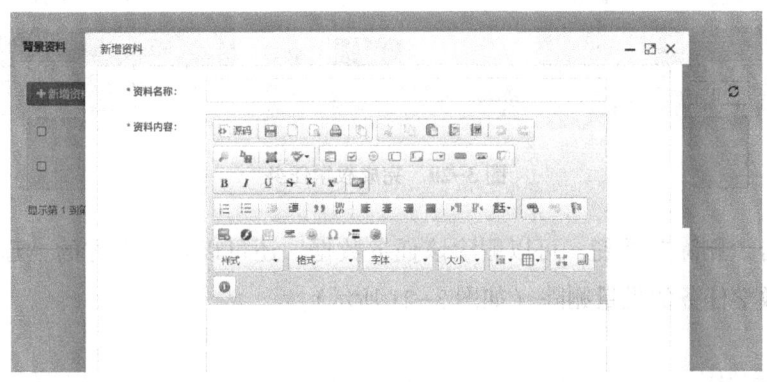

图 3-23 上传背景资料

上传资料内容后,背景资料还不完整,需要点击新资料的花名册一栏的"设置"按钮,上传与资料相配套的花名册信息。花名册需要按照固定模板格式上传,否则将上传失败。可在"设置"界面打开后的最后一行中点击"E-HR花名册模板"下载模板。若花名册表格已填写完成,点击"选择文件",将录入花名册的文件上传到系统(如图 3-24 所示)。

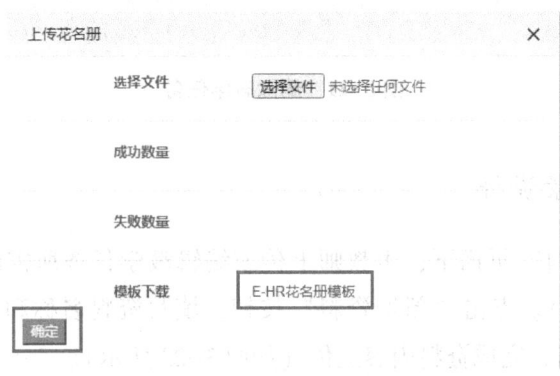

图 3-24 上传花名册

上传完花名册后，还需要点击案例时间栏的"设置"按钮，设置资料初始时间。当选择该资料的任务开始时，系统时间即为此处设置的时间。选择好时间后，点击"确定"完成（如图3-25所示）。

图3-25　设置操作时间

完成资料内容上传、花名册上传、操作时间设置三步后，这个背景资料才算设置完成。对于已完成的案例，可以点击操作栏的按钮对该背景资料进行编辑。

点击"查看"按钮，可以查看背景资料文字；点击"删除"按钮，可以删除对应的背景资料。若想对花名册和时间进行修改，可以点击对应的"设置"按钮进行操作（如图3-26所示）。

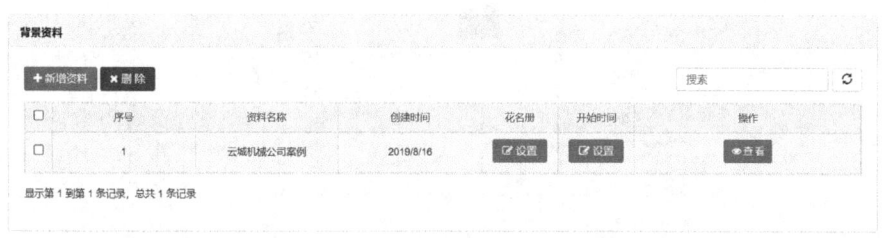

图3-26　背景资料管理

3.4　企业端操作指南

进入企业端后，可以点击页面右上角查看背景资料，修改信息，点击"保存"后可正式进入系统进行练习。点击主页面按钮或左侧边栏相应按钮进入对应模块（如图3-27所示）。

图 3-27 企业端页面

页面上方的日历显示的是当前案例的初始时间。点击日历，可以切换时间，方便系统连续多月操作（如图 3-28 所示）。

图 3-28 日历

3.4.1 组织结构设置

3.4.1.1 公司设置

点击侧边栏"公司设置"，进入公司设置界面，对公司信息进行定义，可以添加本公司的公司信息，还可以添加子公司的公司信息。点击左上角"新增"按钮（如图 3-29 所示），填写公司名称和相关备注内容，公司编号自动生成，点击"确定"完成新增（如图 3-30 所示）。

3 操作指南

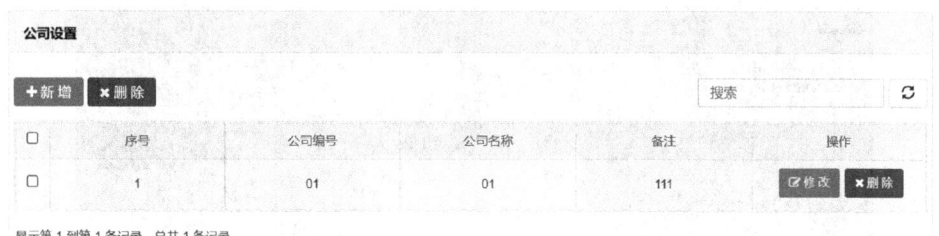

图 3-29 公司设置

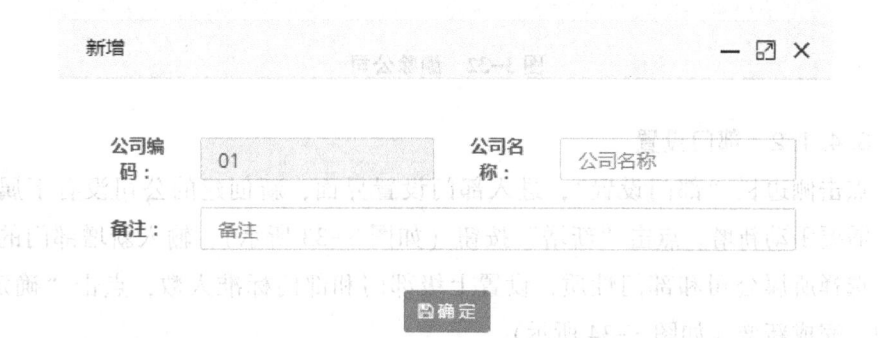

图 3-30 新增公司

对于已有的公司信息，点击操作栏的"修改"按钮可以进行信息修改，点击"删除"按钮可以删除该条信息（如图 3-31 和图 3-32 所示）。

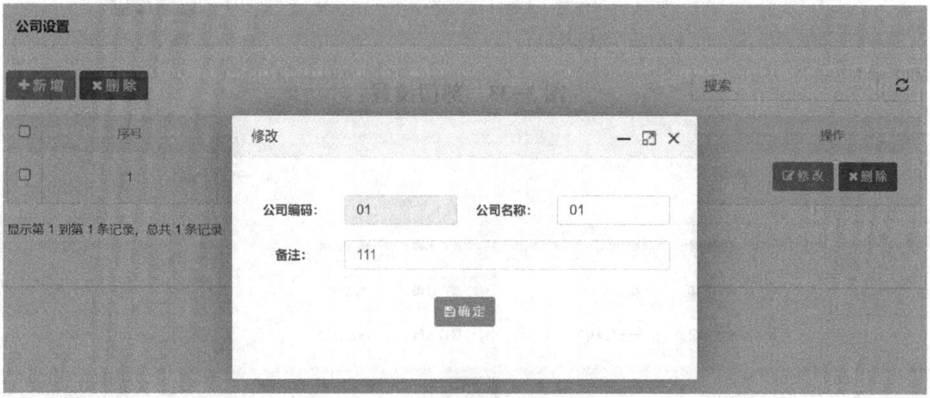

图 3-31 修改公司信息

· 29 ·

图 3-32 删除公司

3.4.1.2 部门设置

点击侧边栏"部门设置",进入部门设置界面,新创建的公司没有下属部门,需要手动新增。点击"新增"按钮(如图 3-33 所示),输入新增部门的名称,选择所属公司和部门性质,设置上级部门和部门标准人数,点击"确定"按钮,完成新增(如图 3-34 所示)。

图 3-33 部门设置

图 3-34 新增部门

对于已有的部门信息，点击操作栏的"修改"按钮可以进行信息修改，点击"删除"按钮可以删除该条信息（如图 3-35 和图 3-36 所示）。

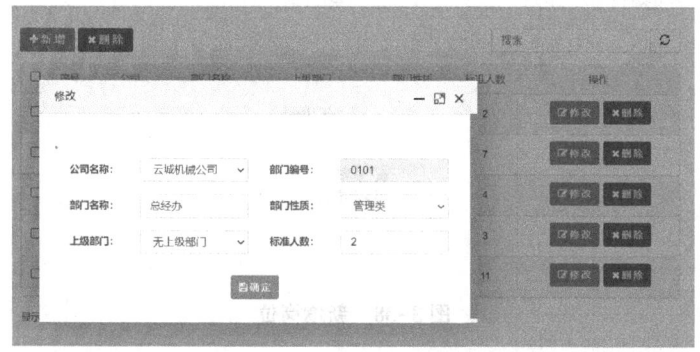

图 3-35　修改部门信息

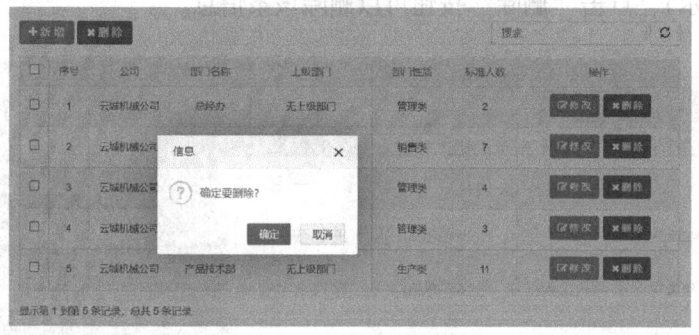

图 3-36　删除部门

3.4.1.3　岗位设置

点击侧边栏"岗位设置"，进入岗位设置界面，点击列表右侧的部门名称可以查看该部门现有的岗位有哪些。若是新创建的部门，则没有所属岗位，需要手动新增。

首先在左侧选中要添加的岗位所在的部门，点击"新增"按钮（如图 3-37 所示），输入新增岗位的名称，选择上级岗位和岗位级别，设置岗位标准人数，输入岗位描述，点击"确定"按钮，完成新增（如图 3-38 所示）。

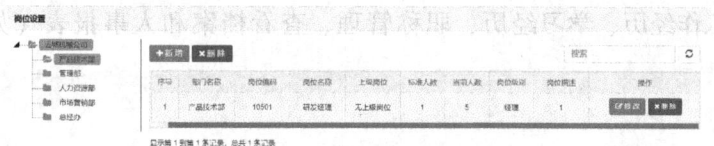

图 3-37　岗位设置

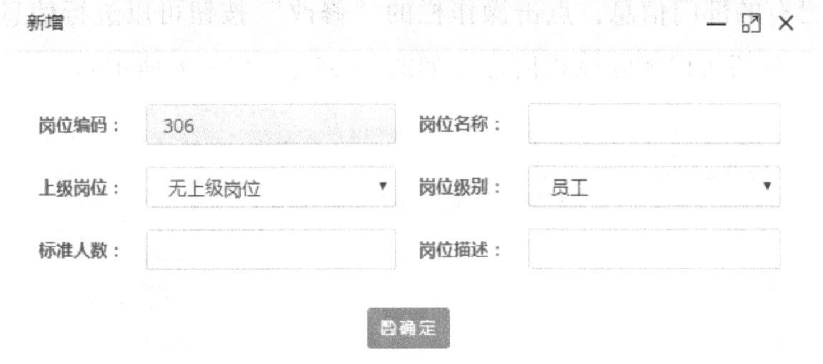

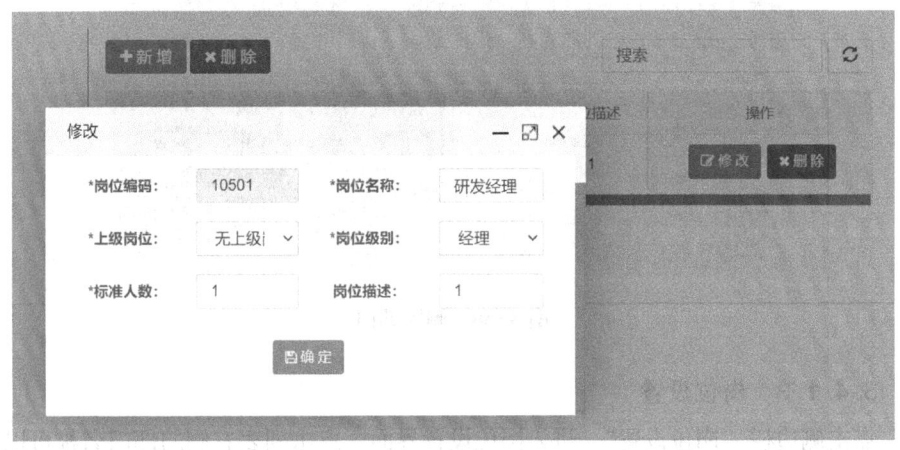

图 3-38 新增岗位

对于已有的岗位信息,点击操作栏的"修改"按钮可以进行信息修改(如图 3-39 所示),点击"删除"按钮可以删除该条信息。

图 3-39 修改岗位

3.4.2 档案管理

档案管理主要操作模块包括员工入职、员工转正、调岗离职、奖励处分、员工复职、工作经历、学习经历、职称管理、查看档案和人事报表(如图 3-40 所示)。

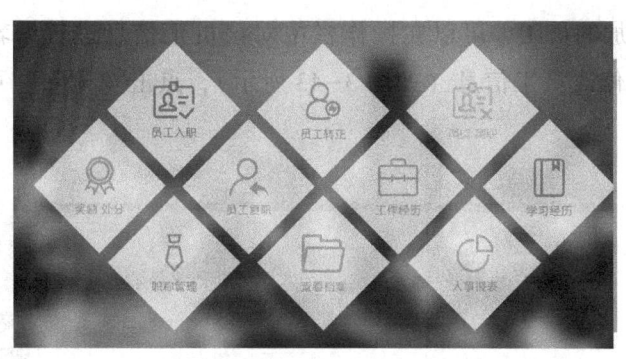

图 3-40　档案管理

3.4.2.1　员工入职

点击"员工入职",进入新员工管理界面,在该界面下添加及修改员工的信息。点击"新增员工"按钮(如图 3-41 所示),在弹出的小窗内可以录入员工的信息,包括姓名、工号、电话、岗位等,点击"确定",完成员工信息录入(如图 3-42 所示)。

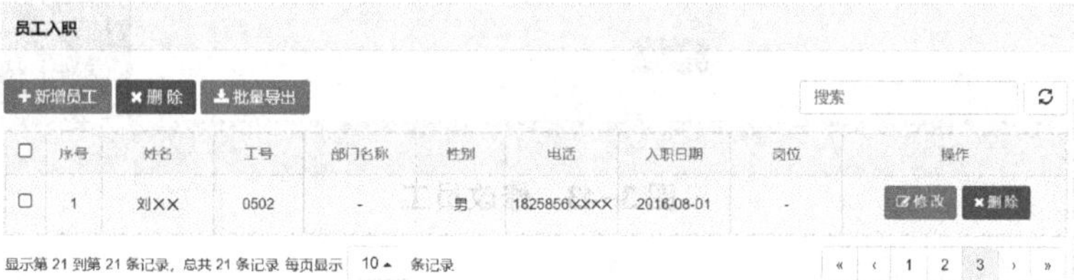

图 3-41　员工入职

图 3-42　新增员工

对于已添加的员工，可以在操作栏中对该员工信息进行编辑，点击"修改"按钮可以修改员工信息（如图 3-43 所示），点击"删除"可以删除该人员信息。

图 3-43　修改员工

点击"批量导出"按钮可以将当前的员工信息以 Excel 表格的形式下载下来（如图 3-44 所示）。

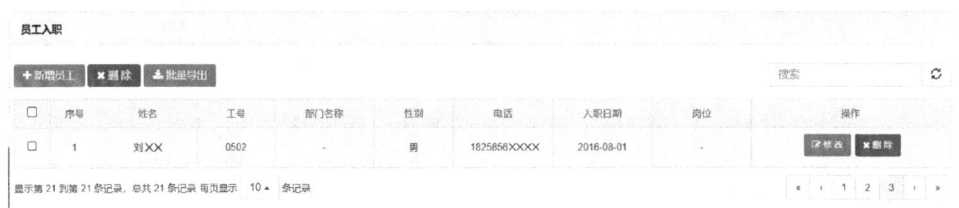

图 3-44　批量导出

勾选对应的员工信息，点击上方的"删除"按钮，可以批量删除员工信息（如图 3-45 所示）。

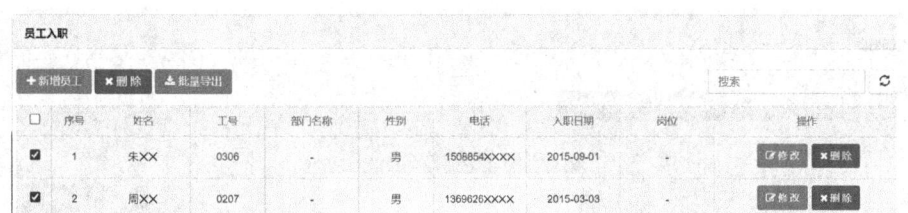

图 3-45　批量删除

3.4.2.2　员工转正

点击"员工转正",对试用期已到的员工进行转正操作。点击"新增转正员工"(如图 3-46 所示),选择员工名称、异动日期、人事部门意见等相关内容,点击"确定"完成新增(如图 3-47 所示)。需要注意的是,转正信息只能添加当月信息。

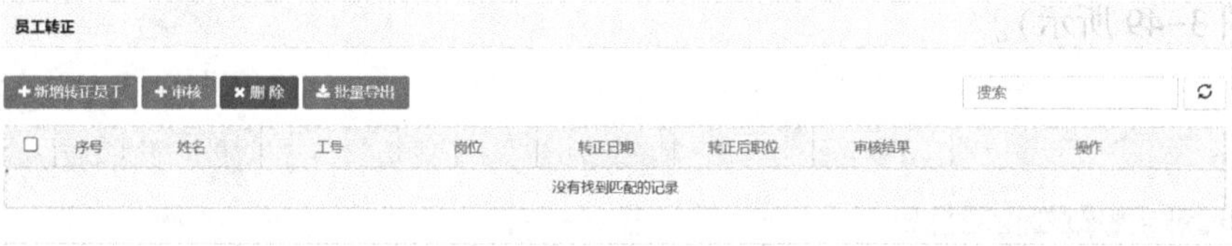

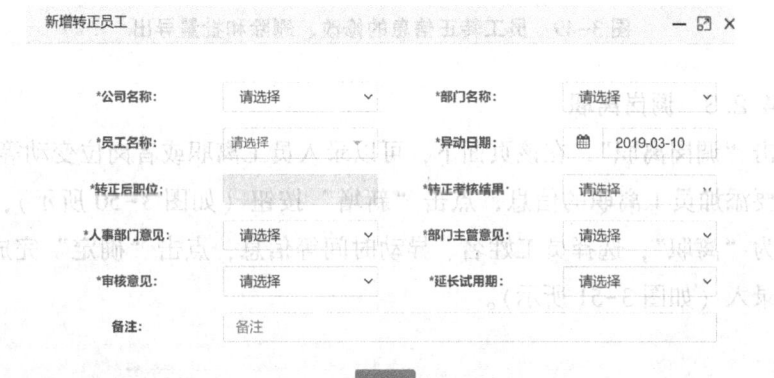

图 3-46　员工转正

图 3-47　新增员工转正

当月的转正信息需进行审核才能通过。勾选转正信息,点击"审核"按钮,通过审核(如图 3-48 所示)。

图 3-48　审核员工转正

已添加的转正信息可以点击操作栏中的按钮进行修改。点击"修改"按钮，可以修改部分填写好的信息；点击"删除"按钮，可以删除本条信息；点击"批量导出"按钮，可以将当前的员工转正信息以 Excel 表格的形式下载下来（如图 3-49 所示）。

图 3-49　员工转正信息的修改、删除和批量导出

3.4.2.3　调岗离职

点击"调岗离职"，在该页面下，可以录入员工离职或者岗位变动等信息。

若要添加员工离职的信息，点击"新增"按钮（如图 3-50 所示），选择异动类型为"离职"，选择员工姓名、异动时间等信息，点击"确定"完成离职人员信息录入（如图 3-51 所示）。

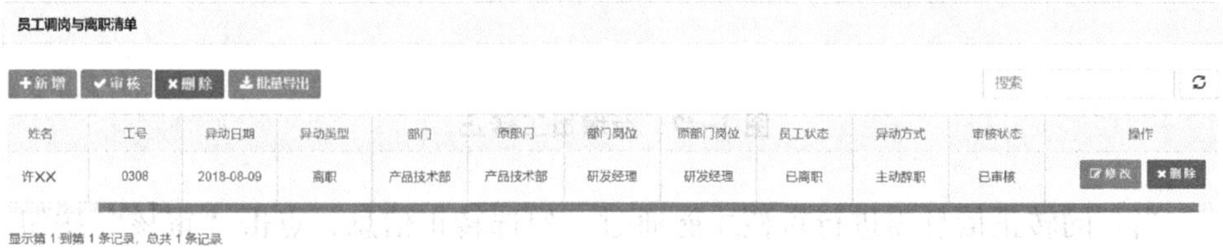

图 3-50　员工离职

图 3-51　新增离职

若要添加员工调岗的信息，点击"新增"按钮，选择异动类型为"调动"，选择员工姓名、异动日期和新部门等信息，点击"确定"完成调岗人员信息录入（如图 3-52 所示）。

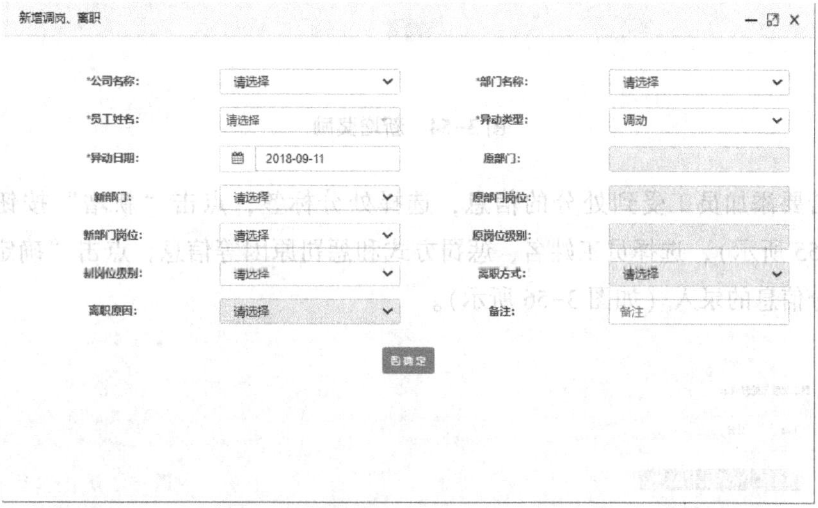

图 3-52　新增调岗

3.4.2.4　奖励处分

点击"奖励处分"，在该页面下，可以录入员工受到奖惩的信息。

若要添加员工受到奖励的信息，选择奖励标签，点击"新增"按钮（如图 3-53 所示），选择员工姓名、奖励方式和奖励原因等信息，点击"确定"完成奖励信息的录入（如图 3-54 所示）。

图 3-53　奖励

图 3-54　新增奖励

若要添加员工受到处分的信息，选择处分标签，点击"新增"按钮（如图 3-55 所示），选择员工姓名、惩罚方式和惩罚原因等信息，点击"确定"完成处分信息的录入（如图 3-56 所示）。

图 3-55　处分

图3-56 新增处分

对于已添加的奖励处分的信息,可以在操作栏点击"修改"按钮进行修改(如图3-57所示)。

图3-57 修改奖励、处分

勾选一条或多条信息,点击"删除"按钮,可以进行批量删除;点击"导出"按钮,可以将当前的员工信息以Excel表格的形式下载下来(如图3-58所示)。

图 3-58 员工奖励、处分信息的删除和导出

3.4.2.5 员工复职

点击"员工复职"按钮，可以在员工复职界面进行已在本公司离职的人员的复职操作。

点击"复职登记"（如图 3-59 所示），选择复职日期、部门名称、员工姓名等相关信息，点击"确定"完成员工复职登记（如图 3-60 所示）。

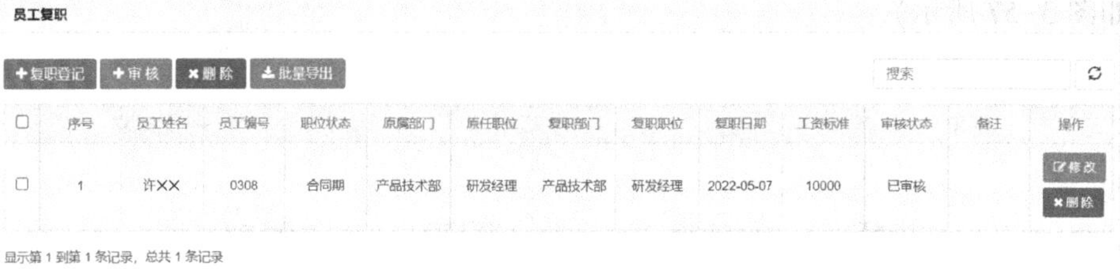

图 3-59 员工复职

图 3-60 新增员工复职

对已有的员工复职信息，可以点击操作栏的"修改"按钮进行修改（如图 3-61 所示）。

图 3-61　修改员工复职信息

勾选一条或多条信息，点击"删除"按钮，可以进行批量删除（如图 3-62 所示）。复职信息需进行审核才能通过，勾选复职信息，点击"审核"按钮，通过审核。点击"批量导出"按钮，可以将当前的员工信息以 Excel 表格的形式下载下来。

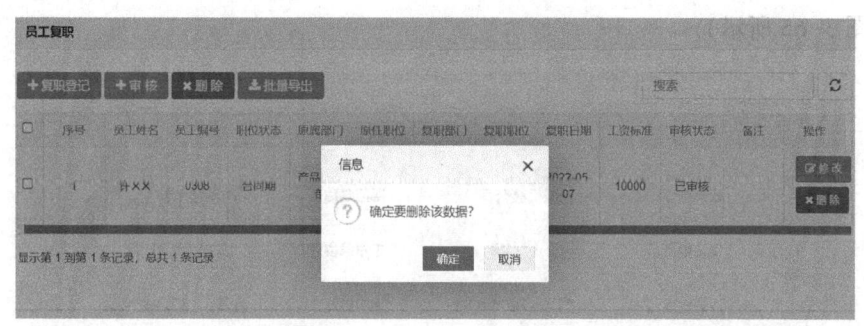

图 3-62　删除员工复职信息

3.4.2.6　工作经历

点击"工作经历"按钮，可以添加和管理在职员工的工作经历信息。

点击"新增"按钮（如图 3-63 所示），选择员工姓名，输入工作单位、职务等相关信息，点击"确定"完成员工工作经历信息录入（如图 3-64 所示）。

人力资源管理信息系统

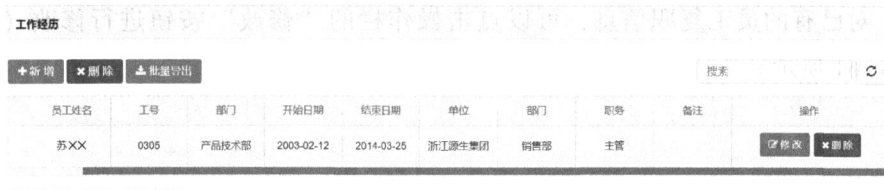

图 3-63 工作经历

图 3-64 新增员工工作经历

对已有的员工工作经历信息，可以点击操作栏的"修改"按钮进行修改（如图 3-65 所示）。

图 3-65 修改员工工作经历

勾选一条或多条信息，点击"删除"按钮，可以进行批量删除（如图 3-66 所示）。点击"批量导出"按钮，可以将当前的员工工作经历信息以 Excel 表格的形式下载下来。

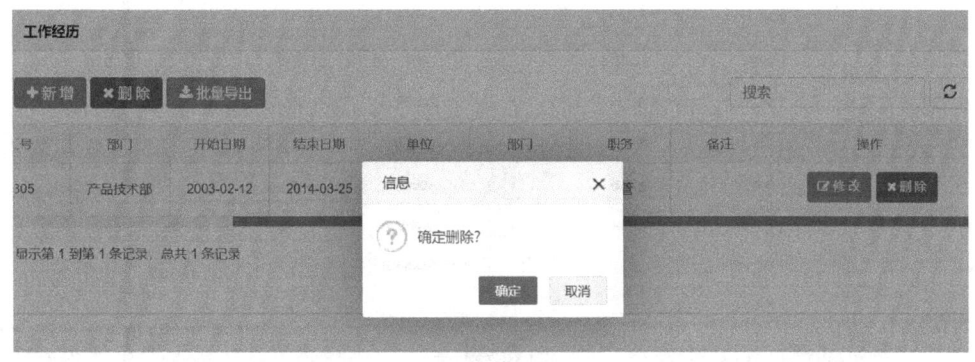

图 3-66　工作经历信息的删除

3.4.2.7　学习经历

点击"学习经历"按钮，可以添加和管理在职员工的学习经历信息。

点击"新增"按钮（如图 3-67 所示），选择员工姓名、培养方式、学习学校等相关信息，点击"确定"完成员工学习经历信息录入（如图 3-68 所示）。

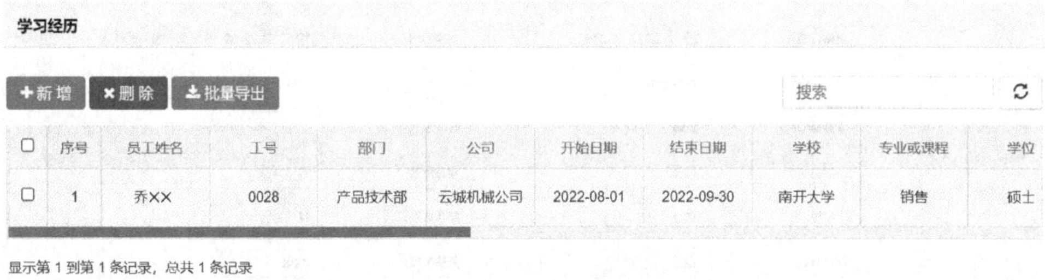

图 3-67　学习经历

图 3-68　新增学习经历

对已有的员工学习经历信息，可以点击操作栏的"修改"按钮进行修改（如图 3-69 所示）。

图 3-69　修改学习经历

勾选一条或多条信息，点击"删除"按钮，可以进行批量删除。点击"批量导出"按钮，可以将当前的员工学习经历信息以 Excel 表格的形式下载下来（如图 3-70 所示）。

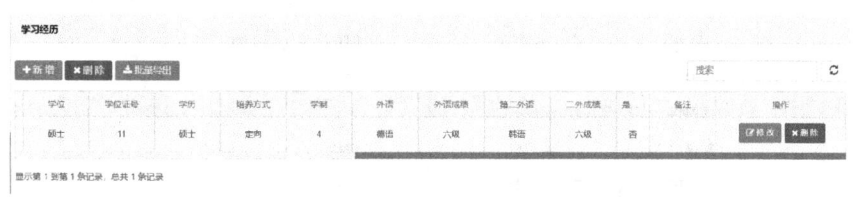

图 3-70　学习经历信息的删除和批量导出

3.4.2.8　职称管理

点击"职称管理"按钮，可以添加和管理在职员工的职称信息。

点击"新增"按钮（如图 3-71 所示），选择通过日期、外语级别等相关信息，点击"确定"完成员工职称信息录入（如图 3-72 所示）。

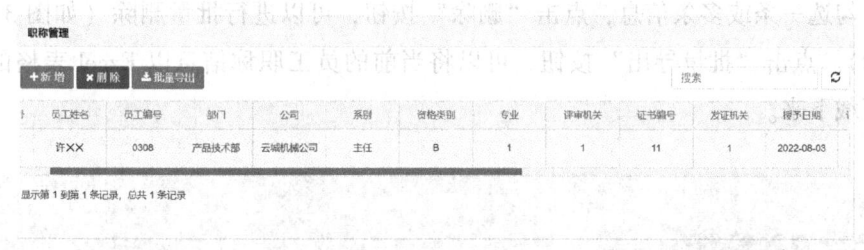

图 3-71　职称管理

对已有的员工职称信息，可以点击操作栏的"修改"按钮进行修改（如图 3-73 所示）。

图 3-73　修改职称

勾选一条或多条信息，点击"删除"按钮，可以进行批量删除（如图 3-74 所示）。点击"批量导出"按钮，可以将当前的员工职称信息以 Excel 表格的形式下载下来。

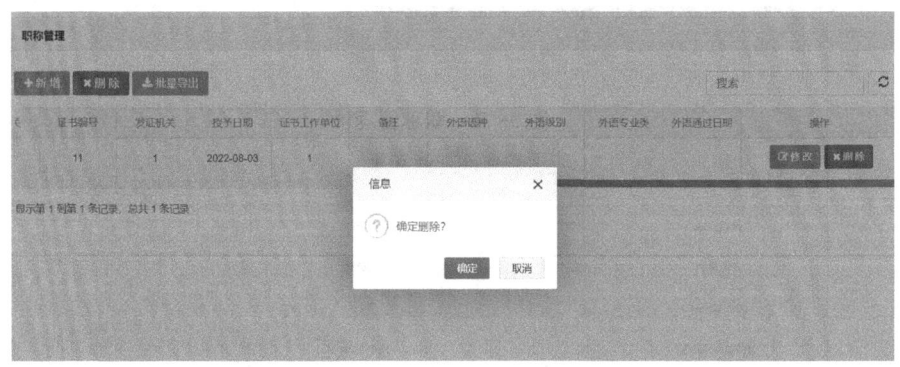

图 3-74　职称信息的删除

3.4.2.9　档案管理

点击"查看档案"，显示本公司所有员工的信息，可以对员工的档案进行查看及搜索。点击操作栏"查看"按钮，可以看到员工卡片的具体内容（如图 3-75 和图 3-76 所示）。

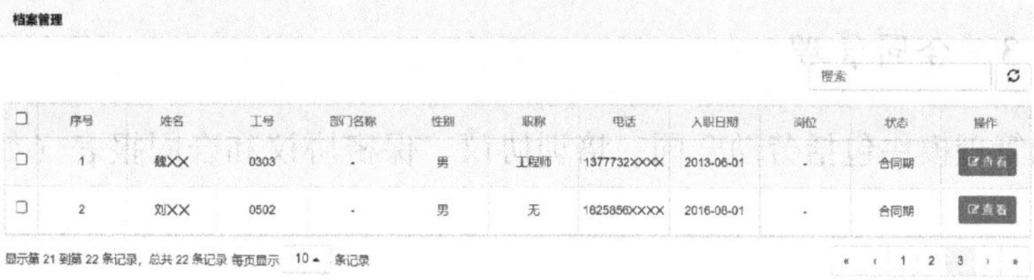

图 3-75 档案管理

图 3-76 员工卡片

3.4.2.10 人事报表

点击"人事报表",可查看人员构成情况分类统计表、员工明细花名册、部门员工花名册、各部门职务统计表、员工入职离职统计表、各部门员工生日报表和各部门及岗位编制人数统计表(如图 3-77 所示)。

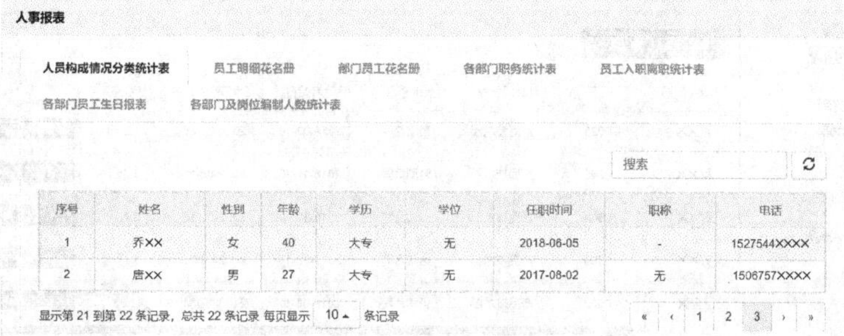

图 3-77 人事报表

3.4.3 合同管理

合同管理模块包括劳动合同、培训协议、保密协议和合同报表（如图 3-78 所示）。

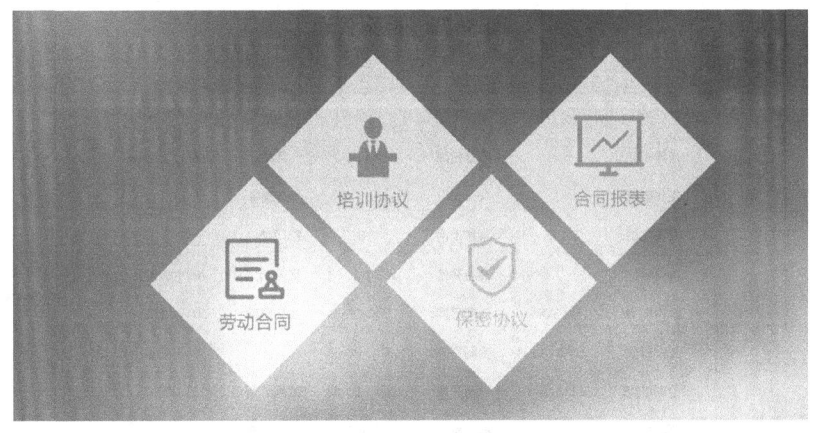

图 3-78 合同管理

3.4.3.1 劳动合同

点击“劳动合同”，进入劳动合同信息界面，选择不同的部门，可以查看该部门下员工已签订劳动合同的情况。对新入职的员工可以新录入劳动合同信息。

点击“新增”按钮（如图 3-79 所示），可以录入新签劳动合同的相关信息，在跳出的窗口中选择签订人员、入职日期、试用期等信息，点击“确定”完成新合同信息录入（如图 3-80 所示）。

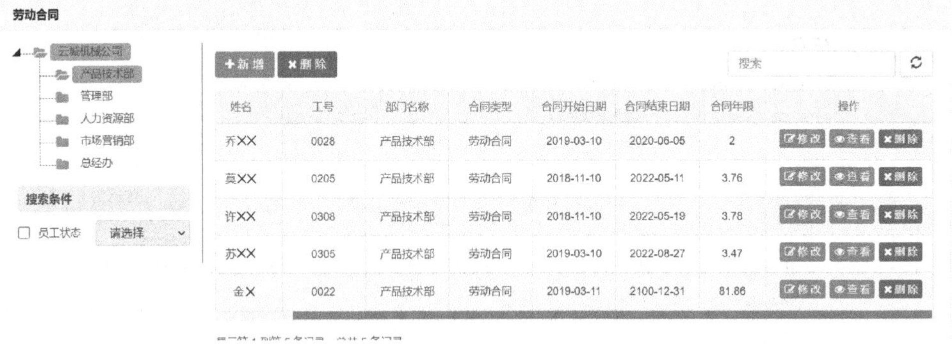

姓名	工号	部门名称	合同类型	合同开始日期	合同结束日期	合同年限	操作
乔XX	0028	产品技术部	劳动合同	2019-03-10	2020-06-05	2	修改 查看 删除
莫XX	0205	产品技术部	劳动合同	2018-11-10	2022-05-11	3.76	修改 查看 删除
许XX	0308	产品技术部	劳动合同	2018-11-10	2022-05-19	3.78	修改 查看 删除
苏XX	0305	产品技术部	劳动合同	2019-03-10	2022-08-27	3.47	修改 查看 删除
金X	0022	产品技术部	劳动合同	2019-03-11	2100-12-31	81.86	修改 查看 删除

图 3-79 劳动合同

图 3-80 新增劳动合同

在合同信息录入好后，可以将表格下方滑动条滑到最右边，对合同信息进行操作。点击"修改"按钮，可以修改部分录入信息（如图 3-81 所示）；点击"查看"按钮，可以查看合同全文（如图 3-82 所示）；点击"删除"按钮，可以删除该条合同信息。

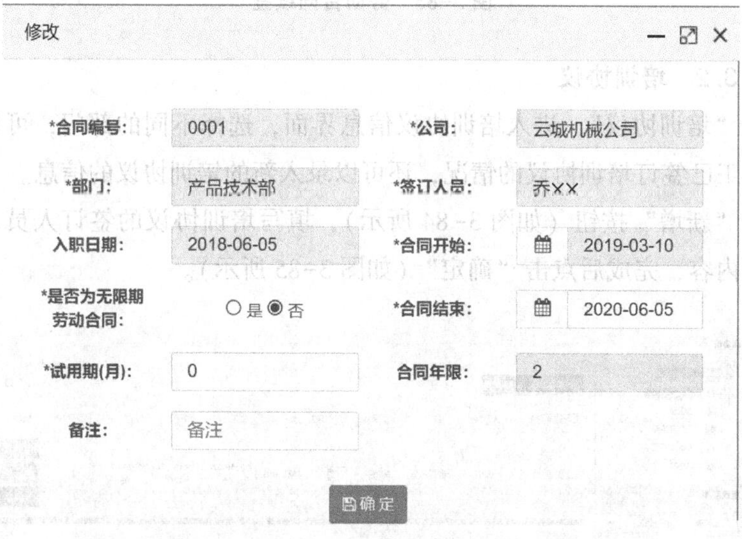

图 3-81 修改劳动合同

查看

劳动合同书

合同编号:0001

甲方（单位）：云城机械公司

乙方（劳动者）姓名：乔XX 性别：女 民族：大专 文化程度：大专 居民身份证号码：5225221982XXXXXXXX

一、双方在签订本合同前，应认真阅读本合同。甲乙双方的情况应如实填写，本合同一经签订，即具有法律效力，双方必须严格履行。

二、签订劳动合同，甲方应加盖单位公章；法定代表人（负责人）或委托代理人及乙方应签字或盖章，其他人不得代为签字。

三、本合同中的空栏，由双方协商确定后填写，并不得违反法律、法规和相关规定；

四、工时制度分为标准工时、不定时、综合计算工时三种。实行不定时、综合计算工时工作制的，应经劳动保障部门批准。

五、本合同的未尽事宜，可另行签订补充协议，作为本合同的附件，与本合同一并履行。

六、本合同应使用钢笔或签字笔填写，字迹清楚，文字简练、准确，并不得擅自涂改。

七、本合同签订后，甲、乙双方各执一份备查。

为建立劳动关系，明确权利义务，根据《中华人民共和国劳动法》《中华人民共和国劳动合同法》和有关法律、法规，甲乙双方遵循诚实信用原则，经平等协商一致，自愿签订本合同，共同遵守执行。

第一条 劳动合同期限

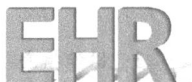

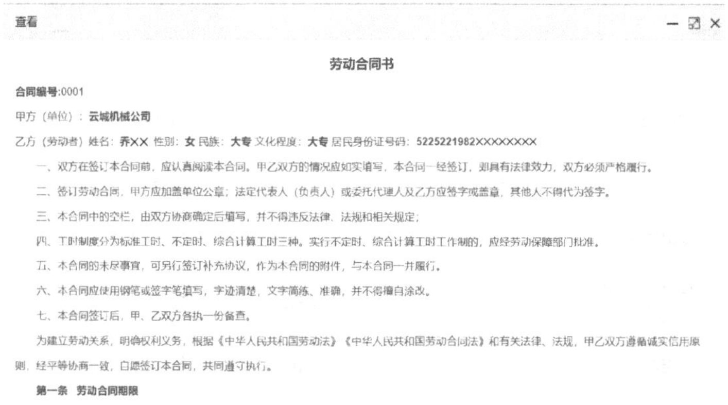

图 3-82 查看合同

对于已到期合同，在操作栏会出现“续签”按钮，点击“续签”按钮，选择续签合同的相关信息，点击“确定”，完成续签（如图 3-83 所示）。

合同续签提醒

搜索

序号	姓名	工号	合同签订时间	合同生效时间	合同到期时间	距合同到期剩余天数
1	李XX	0505	2016-03-26	2016-03-26	2019-03-26	15

显示第 1 到第 1 条记录，总共 1 条记录

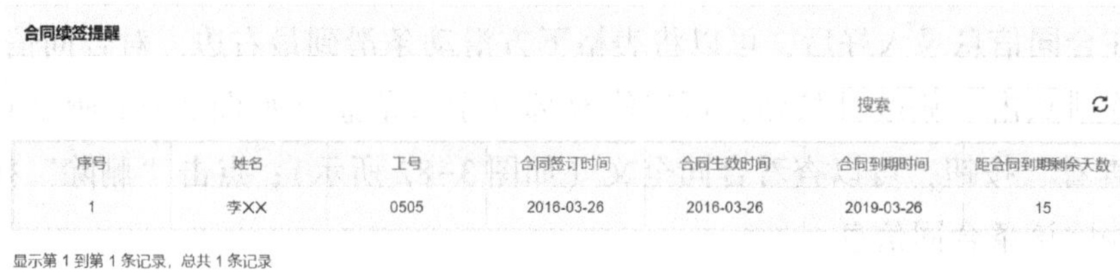

图 3-83 劳动合同续签

3.4.3.2 培训协议

点击“培训协议”，进入培训协议信息界面，选择不同的部门，可以查看该部门下员工已签订培训协议的情况，还可以录入新的培训协议的信息。

点击“新增”按钮（如图 3-84 所示），填写培训协议的签订人员、培训项目等相关内容，完成后点击“确定”（如图 3-85 所示）。

	序号	合同编号	姓名	工号	部门名称	合同类型	签订日期	合同开...	合同结...	合同年限	操作
	1	0001	乔XX	0028	产品技术部	培训协议	2018-07-06	2018-07-06	2020-07-09	2	修改 查看 删除

显示第 1 到第 1 条记录，总共 1 条记录

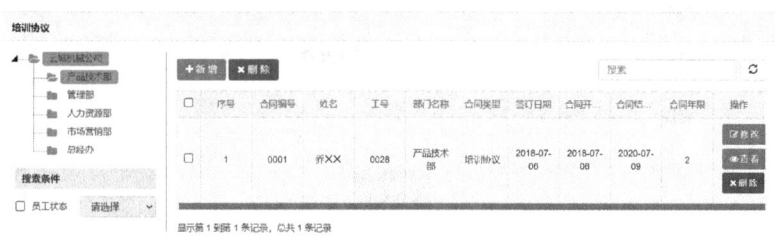

图 3-84 培训协议

图 3-85 新增培训协议

在培训协议信息录入好后，可以将表格下方滑动条滑到最右边，对培训协议信息进行操作。点击"修改"按钮，可以修改部分录入信息（如图 3-86 所示）；点击"查看"按钮，可以查看培训协议全文（如图 3-87 所示）；点击"删除"按钮，可以删除该条培训协议信息。

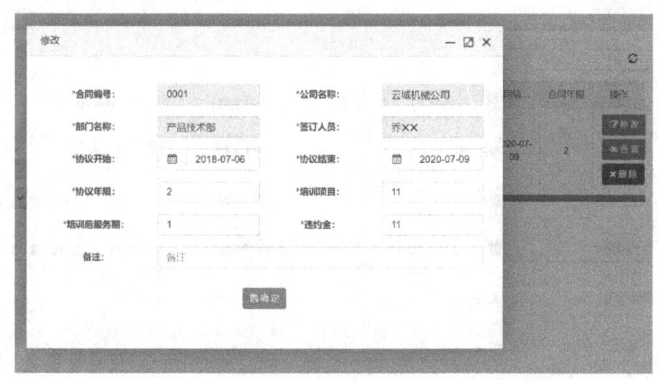

图 3-86 培训协议的修改

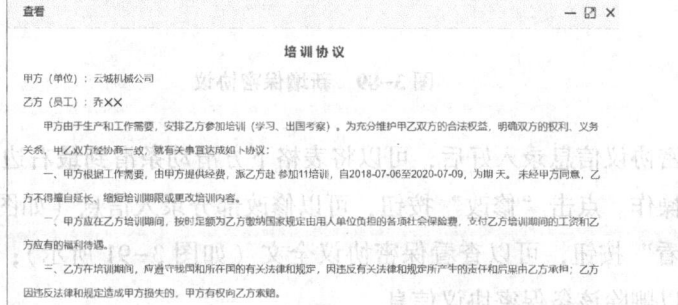

图 3-87 查看培训协议

· 51 ·

3.4.3.3 保密协议

点击"保密协议",进入保密协议信息界面,选择不同的部门,可以查看该部门下员工已签订保密协议的情况,还可以录入新的保密协议的信息。

点击"新增"按钮(如图3-88所示),填写签订人员、竞业限止期等相关内容,完成后点击"确定"(如图3-89所示)。

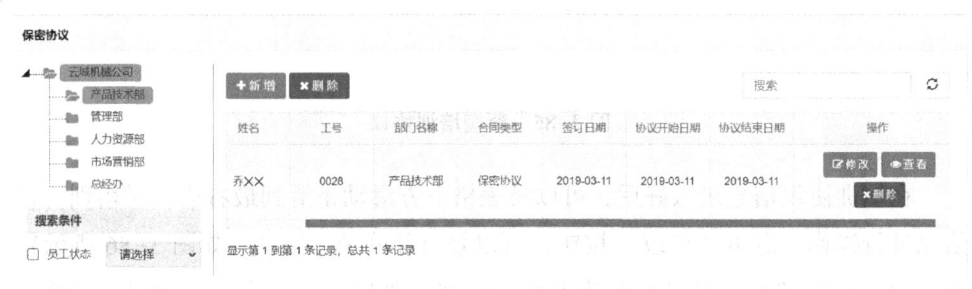

图 3-88 保密协议

图 3-89 新增保密协议

在保密协议信息录入好后,可以将表格下方滑动条滑到最右边,对保密协议信息进行操作。点击"修改"按钮,可以修改部分录入信息(如图3-90所示);点击"查看"按钮,可以查看保密协议全文(如图3-91所示);点击"删除"按钮,可以删除该条保密协议信息。

3 操作指南

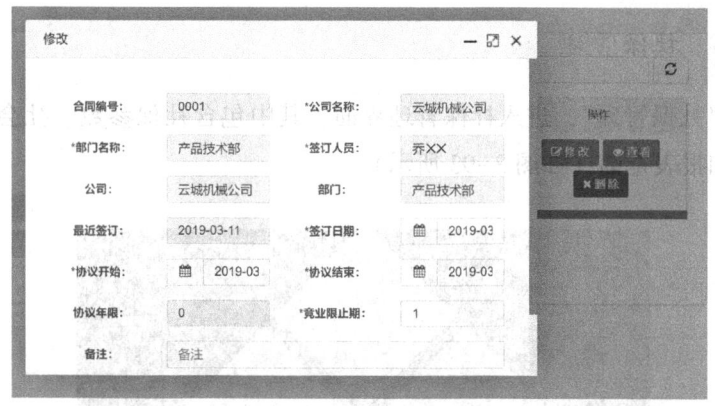

图 3-90 保密协议的修改

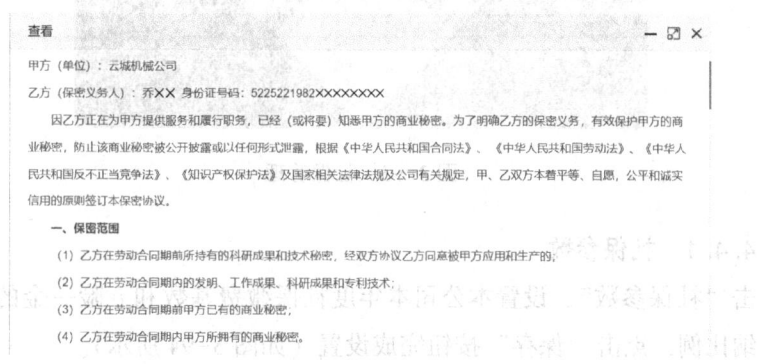

图 3-91 查看保密协议

3.4.3.4 合同报表

点击"合同报表",进入合同报表界面。合同报表包括劳动合同签订明细表、培训协议签订明细表、保密协议签订明细表(如图 3-92 所示)。

图 3-92 合同报表

3.4.4 社保管理

点击"社保管理",进入社保管理界面,其中包含社保参数、社会保险、住房公积金和报表查询(如图 3-93 所示)。

图 3-93 社保管理

3.4.4.1 社保参数

点击"社保参数",设置本公司本年度社保缴费基数和五险一金的单位与个人的缴纳比例,点击"保存"按钮完成设置(如图 3-94 所示)。

图 3-94 社保参数

3.4.4.2 社会保险

点击"社会保险",进入社会保险数据统计界面,选择不同的部门可以查看本月社保应缴纳费用的相关数据。

点击"新增"按钮(如图 3-95 所示),在跳出的窗口中选择参保人员(可多选)和缴纳年月,可以添加本月社保缴费信息(如图 3-96 所示)。

图 3-95 社会保险

图 3-96 新增社会保险

将底部滑动条滑到最右边,可以对已添加的社保信息进行操作。点击"修改",可以修改人员本月社保缴费信息(如图 3-97 所示);点击"删除",可以删除本条信息。

修改				— ⬜ ×
公司名称：	云城机械公司		部门名称：	产品技术部
参保人员：	莫××		缴纳年月：	2019-03-01
养老保险/公司缴纳	605		养老保险/个人缴纳	440
医疗保险/公司缴纳	605		医疗保险/个人缴纳	440
失业保险/公司缴纳	605		失业保险/个人缴纳	440
生育保险/公司缴纳	110		生育保险/个人缴纳	0
工伤保险	110		备注：	备注

确定

图 3-97 修改社会保险

确认社保信息正确无误后，点击"审核"按钮审核社保信息，已审核的社保信息将不能再做修改。点击"批量导出"按钮，可以将当前的社保信息以 Excel 表格的形式下载下来（如图 3-98 所示）。

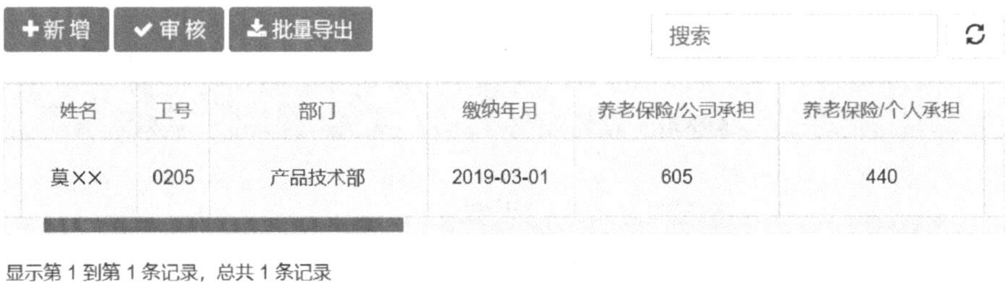

姓名	工号	部门	缴纳年月	养老保险/公司承担	养老保险/个人承担
莫××	0205	产品技术部	2019-03-01	605	440

显示第 1 到第 1 条记录，总共 1 条记录

图 3-98 社会保险信息的审核和批量导出

3.4.4.3 住房公积金

点击"住房公积金"，进入住房公积金数据统计界面，选择不同的部门可以查看本月住房公积金应缴纳费用的相关数据。

点击"新增"按钮（如图 3-99 所示），在跳出的窗口中选择参保人员（可多选）和缴纳年月，点击"确定"可以添加本月住房公积金缴费信息（如图 3-100 所示）。

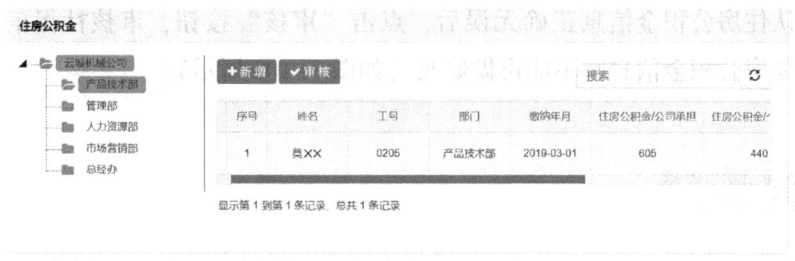

图 3-99　住房公积金

图 3-100　新增住房公积金

将底部滑动条滑到最右边，可以对已添加的住房公积金信息进行操作。点击"修改"，可以修改人员本月住房公积金缴费信息；点击"删除"，可以删除本条信息（如图 3-101 所示）。

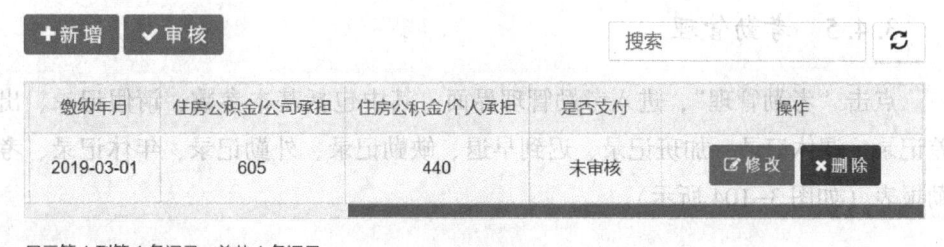

图 3-101　住房公积金信息的修改和删除

确认住房公积金信息正确无误后，点击"审核"按钮，审核社保信息，已审核的住房公积金信息将不能再做修改（如图 3-102 所示）。

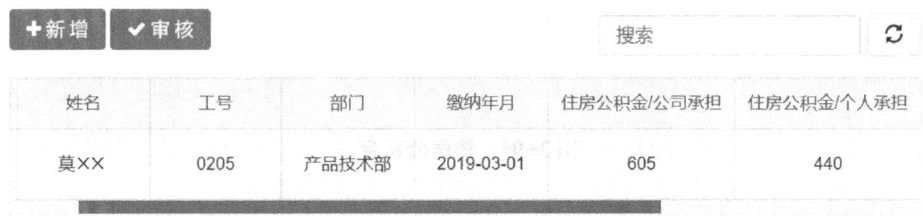

图 3-102 住房公积金信息的审核

3.4.4.4 报表查询

点击"报表查询"，查看各部门历年五险一金缴纳的相关内容（如图 3-103 所示）。

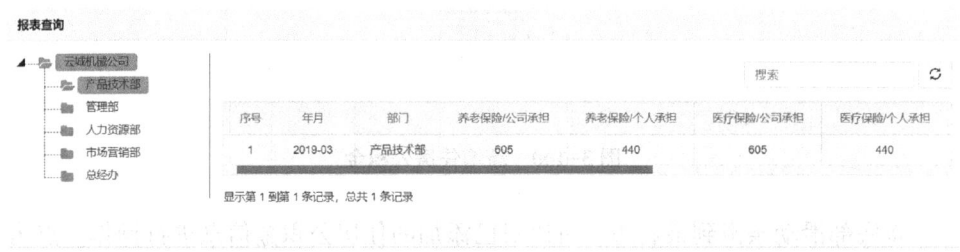

图 3-103 报表查询

3.4.5 考勤管理

点击"考勤管理"，进入考勤管理界面，其中包括基本参数、请假记录、出差记录、调休记录、加班记录、迟到早退、缺勤记录、外勤记录、年休记录、考勤报表（如图 3-104 所示）。

图 3-104　考勤管理

3.4.5.1　基本参数

点击"基本参数"填写相关扣款与补贴的金额并选择合适的工资科目，以便于薪资核算，填写完成后点击"确定"按钮，完成设置（如图 3-105 所示）。

图 3-105　基本参数的设置

3.4.5.2　日常考勤

点击"日常考勤"—"迟到早退记录"，选择不同的部门可以查询不同部门本月的迟到早退情况（如图 3-106 所示）。如果要新增一条迟到或早退记录，点击"新增"按钮，选择员工、类型（迟到或早退）、迟到/早退日期等信息，点击"确定",提交迟到或早退信息(如图 3-107 所示)。

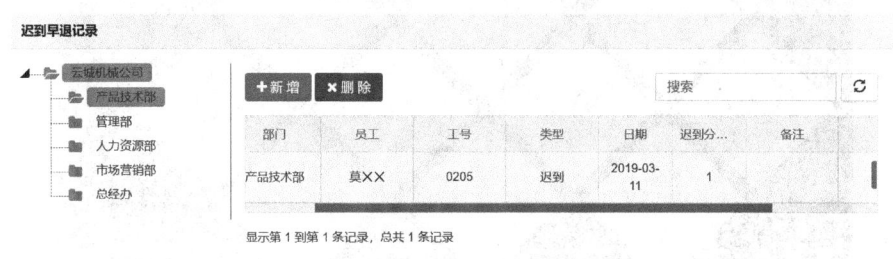

图 3-106　迟到早退记录

图 3-107　新增迟到早退记录

点击"日常考勤"—"缺勤记录",选择不同的部门可以查询不同部门本月的缺勤情况(如图 3-108 所示)。如果要新增一条缺勤记录,点击"新增"按钮,添加缺勤员工、缺勤日期等信息,点击"确定",提交缺勤信息(如图 3-109 所示)。

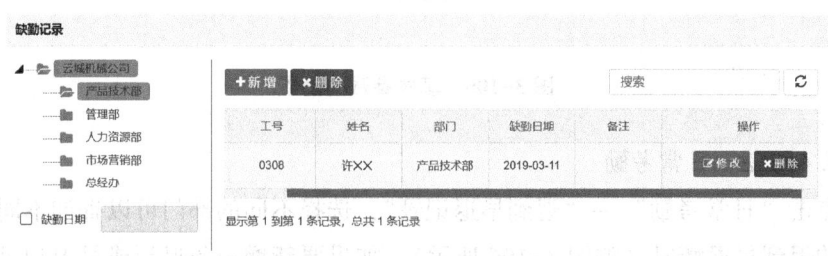

图 3-108　缺勤记录

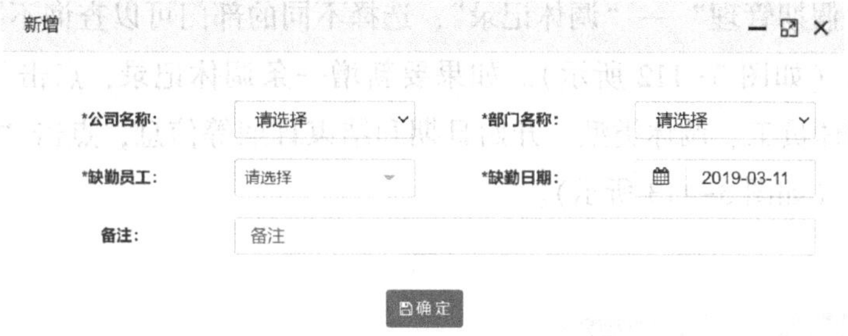

图 3-109 新增缺勤记录

3.4.5.3 假期管理

点击"假期管理"—"请假记录",选择不同的部门可以查询不同部门本月的请假情况(如图 3-110 所示),如果要新增一条请假记录,点击"新增"按钮,添加请假员工、请假类型、开始时间和结束时间等信息,点击"确定",提交请假信息(如图 3-111 所示)。

图 3-110 请假记录

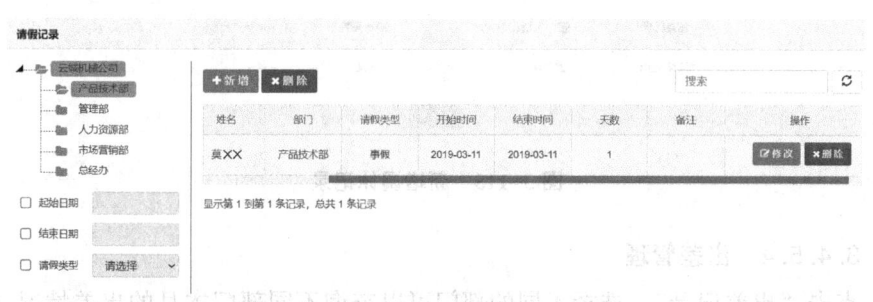

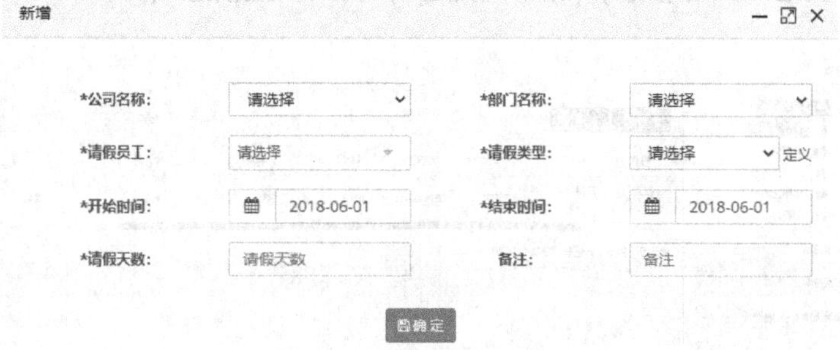

图 3-111 新增请假记录

点击"假期管理"—"调休记录",选择不同的部门可以查询不同部门本月的调休情况(如图 3-112 所示)。如果要新增一条调休记录,点击"新增"按钮,添加调休员工、调休类型、开始日期和结束日期等信息,点击"确定",提交调休信息(如图 3-113 所示)。

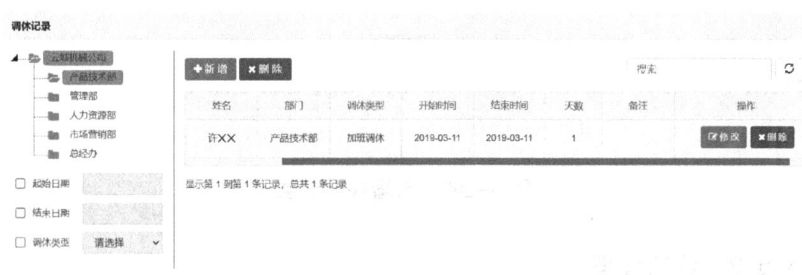

图 3-112　调休记录

图 3-113　新增调休记录

3.4.5.4　出差管理

点击"出差记录",选择不同的部门可以查询不同部门本月的出差情况(如图 3-114 所示),如果要新增一条出差记录,点击"新增"按钮,添加出差员工、出差类型、交通工具等信息,点击"确定",提交出差信息(如图 3-115 所示)。

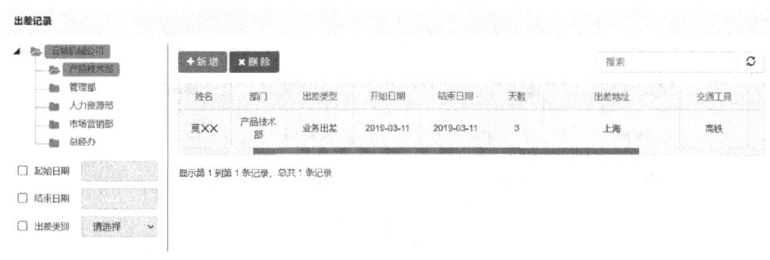

图 3-114　出差记录

图 3-115 新增出差记录

3.4.5.5 加班管理

点击"加班记录",选择不同的部门可以查询不同部门本月的加班情况(如图 3-116 所示)。如果要新增一条加班记录,点击"新增"按钮,添加加班员工、加班类型、加班日期、补偿状态等信息,点击"确定",提交加班信息(如图 3-117 所示)。

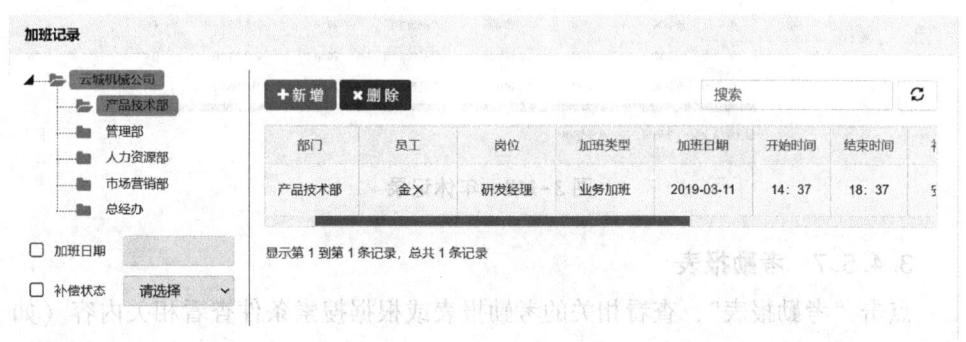

图 3-116 加班记录

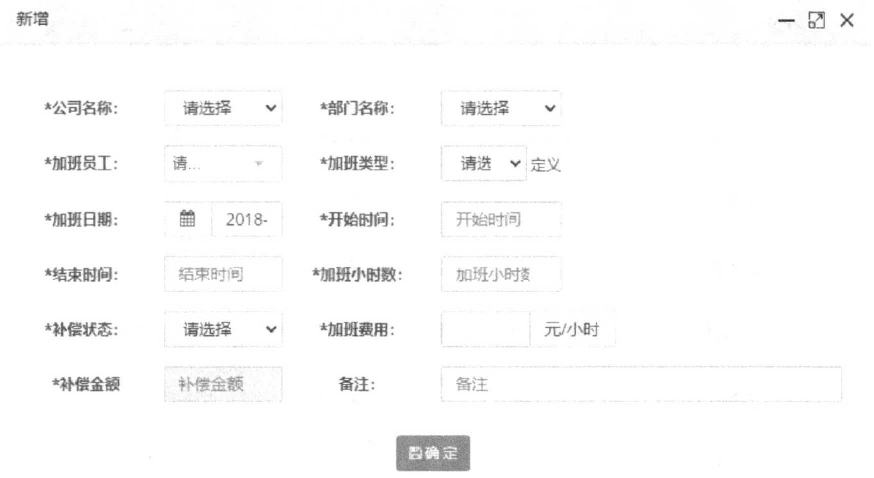

图 3-117　新增加班记录

3.4.5.6　年休记录

点击“年休记录”，选择不同的部门可以查询不同部门本年度的年休情况(如图 3-118 所示)。

序号	员工姓名	工号	员工状态	所在部门	所属年度	开始工作日期	工龄年数	年休标准天数
1	莫XX	0205	试用期	产品技术部	2018	2016-01-02	3	1
2	王XX	0312	试用期	产品技术部	2018	2013-06-08	6	1
3	苏XX	0305	试用期	产品技术部	2018	2019-03-10	2	1
4	许XX	0308	合同期	产品技术部	2018	2015-06-04	4	1
5	金X	0022	试用期	产品技术部	2019	2019-03-10	0	0
6	乔XX	0028	试用期	产品技术部	2018	2018-06-05	1	1

显示第 1 到第 6 条记录，总共 6 条记录

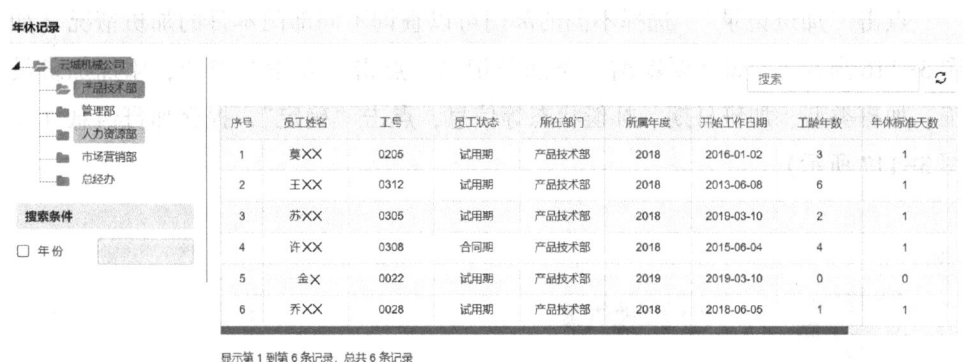

图 3-118　年休记录

3.4.5.7　考勤报表

点击“考勤报表”，查看相关的考勤报表或根据搜索条件查看相关内容（如图 3-119 所示)。

考勤报表							
序号	姓名	月份	部门	出勤天数/天	迟到次数/次	迟到累计/小时	早退次数/次	早退累计/小时
1	莫××	2019-03	产品技术部	0	0	0	0	0
2	许××	2019-03	产品技术部	0	0	0	0	0
3	金×	2019-03	产品技术部	0	0	0	0	0

图 3-119 考勤报表

3.4.6 招聘管理

点击"招聘管理",进入招聘管理界面,其中包括招聘计划、应聘人员、人员录用、后备人才库和招聘报表(如图 3-120 所示)。

图 3-120 招聘管理

3.4.6.1 招聘计划

点击"招聘计划"可以查看已有的招聘计划内容,以及新增招聘计划。点击"新增"按钮,填写招聘计划的岗位及相关要求,点击"确定"按钮,完成招聘计划的录入(如图 3-121 和图 3-122 所示)。点击"删除",可以删除该条招聘计划的信息。

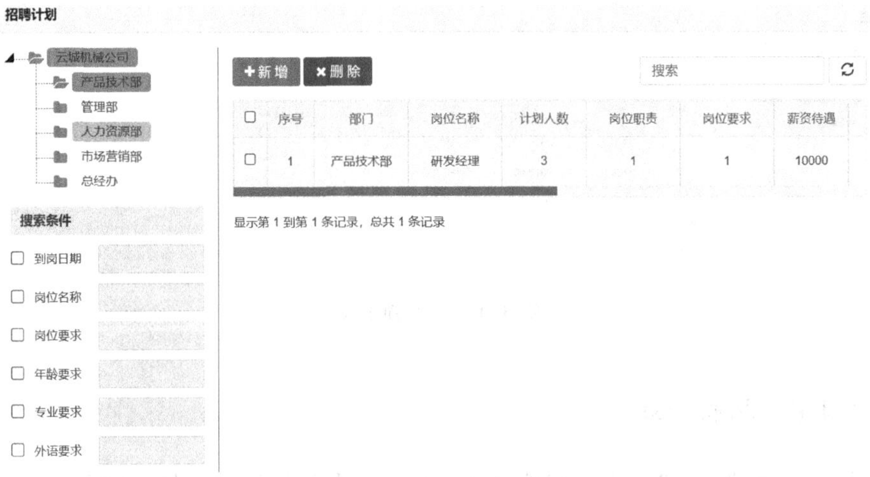

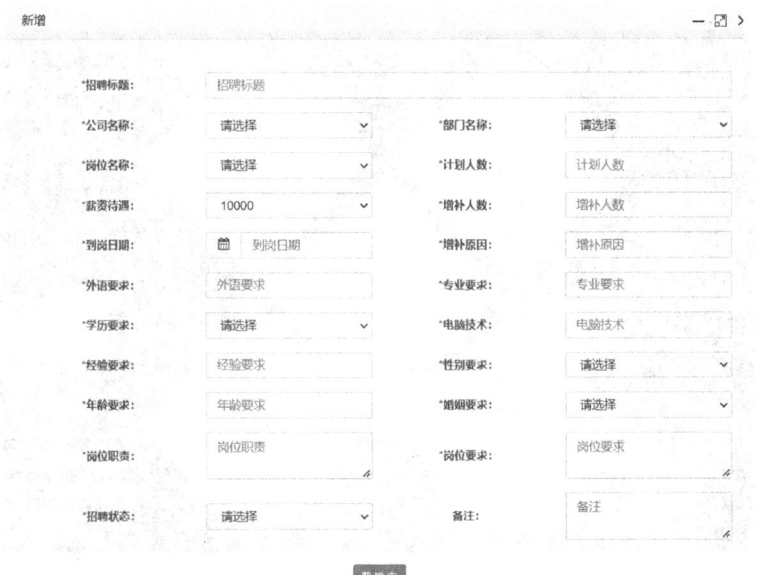

图 3-121 招聘计划

图 3-122 新增招聘计划

3.4.6.2 应聘人员

点击"应聘人员",进入应聘人员界面,可以录入应聘人员的简历信息。点击"新增",填写求职者的相关内容,完成后点击"确定"(如图 3-123 和图 3-124 所示)。点击"删除"按钮,可以删除应聘人员的简历信息。

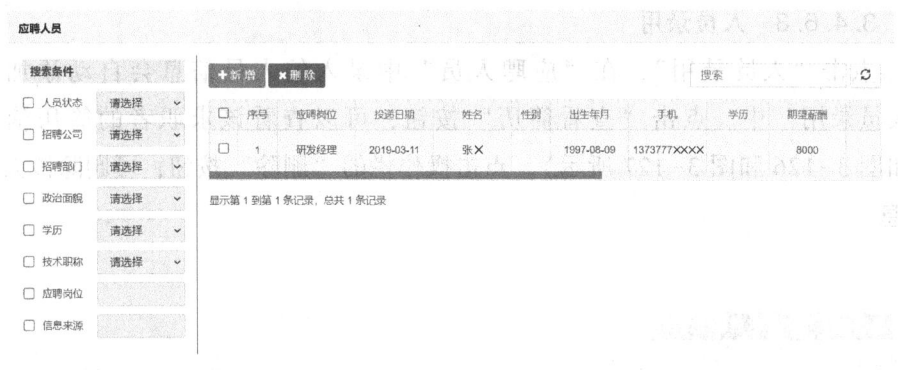

图 3-123 应聘人员

图 3-124 新增应聘人员

将底部滑动条滑到最右边,可以对已添加的求职者信息进行操作。点击"修改",可以修改求职者信息;点击"删除",可以删除本条信息(如图 3-125 所示)。

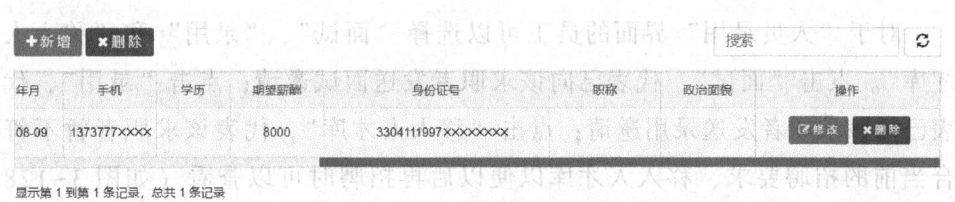

图 3-125 应聘人员信息的修改和删除

3.4.6.3 人员录用

点击"人员录用",在"应聘人员"中录入的人员信息会自动添加到"人员录用"中。点击"查看简历"按钮,可以查看该求职者的简历信息(如图3-126和图3-127所示)。点击操作栏的"删除"按钮,可删除该人员信息。

图 3-126　人员录用

图 3-127　查看简历

对于"人员录用"界面的员工可以选择"面试"、"录用"和"移入人才库"。点击"面试",代表已向该求职者发送面试邀请;点击"录用",代表已向该求职者发送录用邀请;点击"移入人才库",代表该求职者暂不符合当前的招聘要求,移入人才库以便以后再招聘时可以查看(如图3-128所示)。

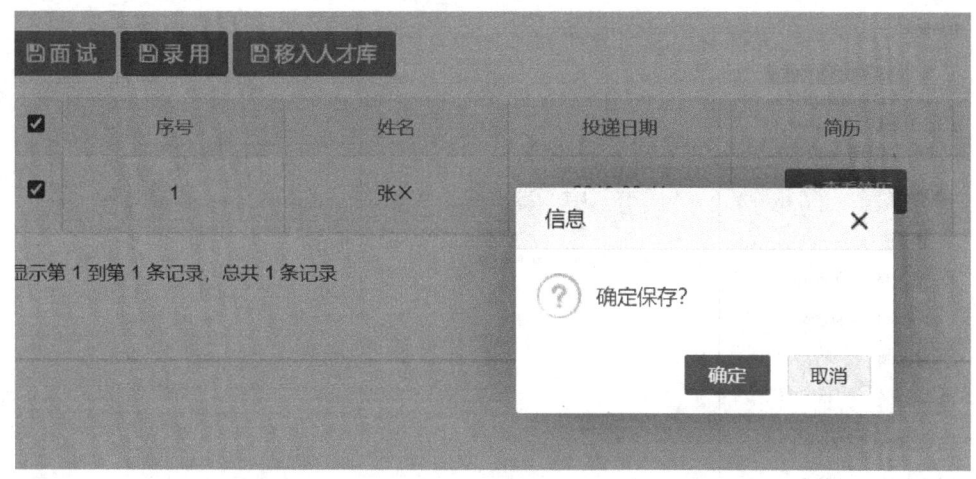

图 3-128　人员录用操作

3.4.6.4　后备人才库

点击"后备人才库",可以通过设置搜索条件来查看具体人员的简历（如图 3-129 所示）。

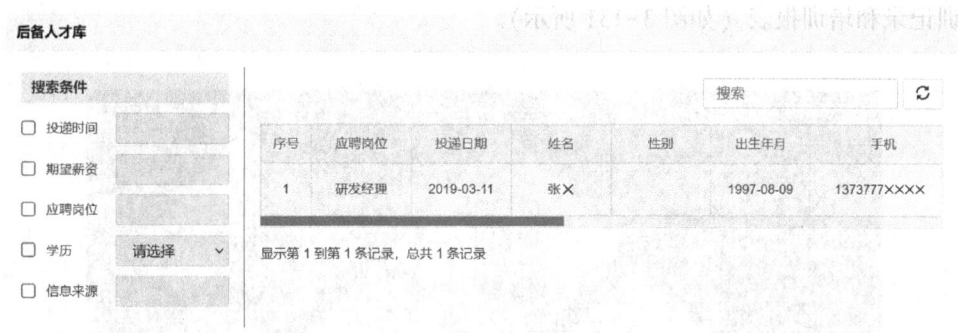

图 3-129　后备人才库

3.4.6.5　招聘报表

点击"招聘报表",可以点击相关报表查看具体报表信息,也可以根据搜索条件进行人员查找（如图 3-130 所示）。

图 3-130　招聘报表

3.4.7　培训管理

点击"培训管理",进入培训管理界面,其中包括培训需求、培训计划、培训记录和培训报表（如图 3-131 所示）。

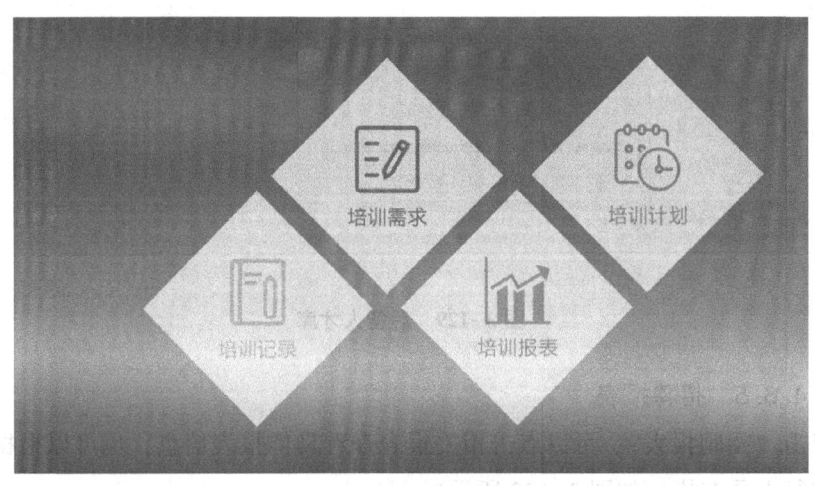

图 3-131　培训管理

3.4.7.1　培训需求

点击"培训需求",可以按部门查看已有的培训需求信息,也可以按需添加新的培训需求信息。

点击"新增"按钮（如图3-132所示），在跳出的窗口中选择需求部门，填写培训目的等信息，点击"确定"完成新增（如图3-133所示）。

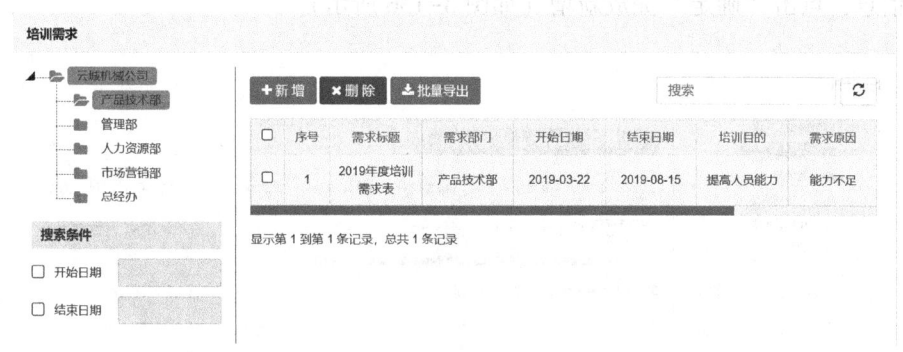

图3-132　培训需求

图3-133　新增培训需求

点击表格上方的"删除"按钮，可以批量删除多条培训需求信息；点击"批量导出"按钮，可以将当前的培训需求信息以Excel表格的形式下载下来（如图3-134所示）。

图3-134　培训需求信息的删除和批量导出

3.4.7.2 培训计划

点击"培训计划",可按部门查看已有的培训计划,也可以按需求新添加培训计划。点击"新增"按钮(如图 3-135 所示),填写本次培训计划的培训对象等信息,点击"确定"完成新增(如图 3-136 所示)。

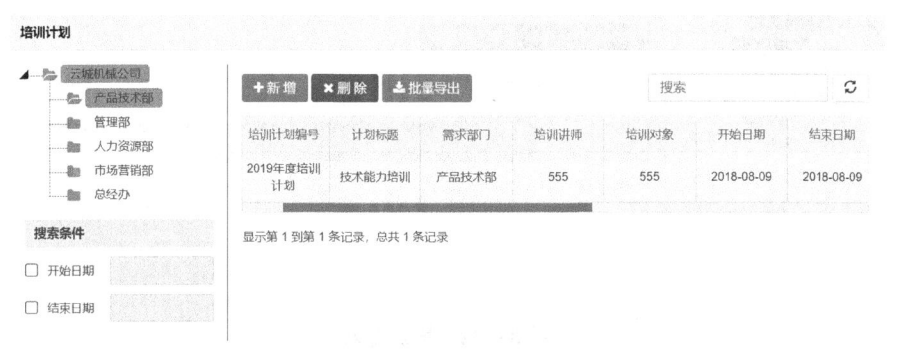

图 3-135 培训计划

图 3-136 新增培训计划

点击表格上方的"删除"按钮,可以批量删除多条培训计划信息;点击"批量导出"按钮可以将当前的培训计划信息以 Excel 表格的形式下载下来(如图 3-137 所示)。

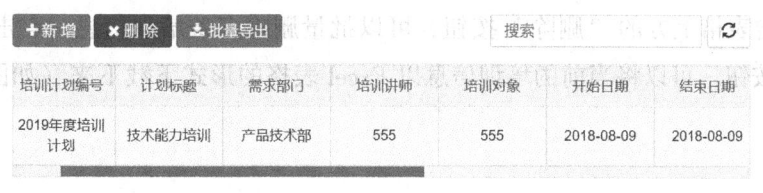

图 3-137　培训计划信息的删除和批量导出

3.4.7.3　培训记录

点击"培训记录",可以按部门查看员工培训情况、培训结果等信息,也可以添加新的培训记录。点击"新增"按钮(如图 3-138 所示),填写培训的详细信息,包括培训方式、培训效果等,点击"确定"完成新增(如图 3-139 所示)。

图 3-138　培训记录

图 3-139　新增培训记录

点击表格上方的"删除"按钮,可以批量删除多条培训信息;点击"批量导出"按钮,可以将当前的培训信息以 Excel 表格的形式下载下来(如图 3-140 所示)。

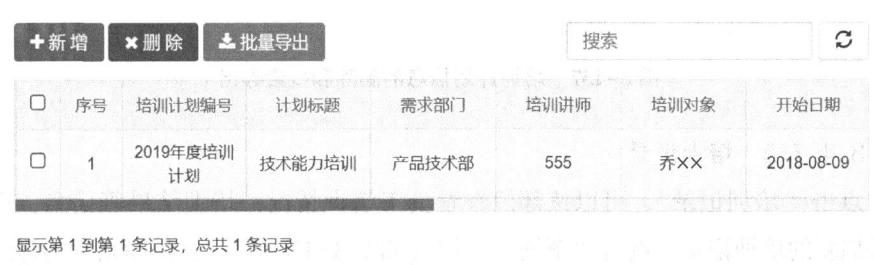

图 3-140　培训记录的删除和批量导出

3.4.7.4　培训报表

点击"培训报表",可以查看相关培训表格,也可以根据搜索条件进行查找(如图 3-141 所示)。

图 3-141　培训报表

3.4.8　绩效管理

点击"绩效管理",进入绩效管理界面,其中包括考核指标、考核类型、考核方法、绩效标准、员工考核、绩效工资、考核报表(如图 3-142 所示)。

图 3-142 绩效管理

3.4.8.1 考核指标

点击"考核指标",可以看到"新增大类"、"新增指标明细"、"删除"和"批量导出"。点击"新增大类"填写大类名称,点击"新增指标明细"填写所属大类、指标名称等,填写完成后点击"确定"(如图 3-143、图 3-144 和图 3-145 所示)。

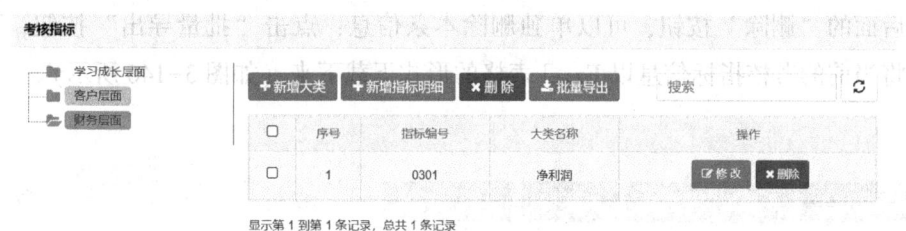

图 3-143 考核指标

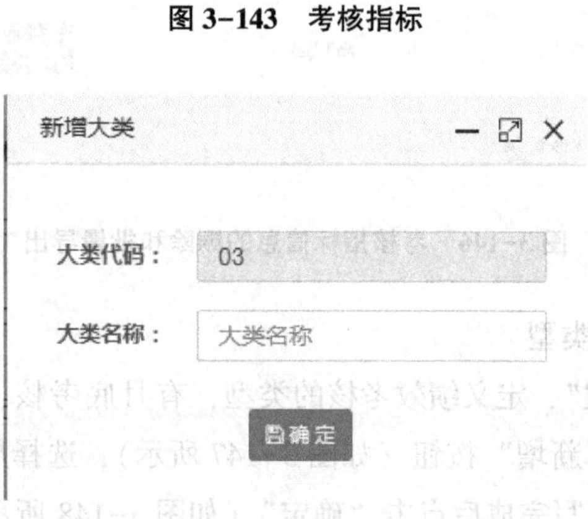

图 3-144 新增大类

图 3-145　新增指标明细

点击表格上方的"删除"按钮，可以批量删除多条指标信息；点击每条信息后面的"删除"按钮，可以单独删除本条信息；点击"批量导出"按钮，可以将当前的考核指标信息以 Excel 表格的形式下载下来（如图 3-146 所示）。

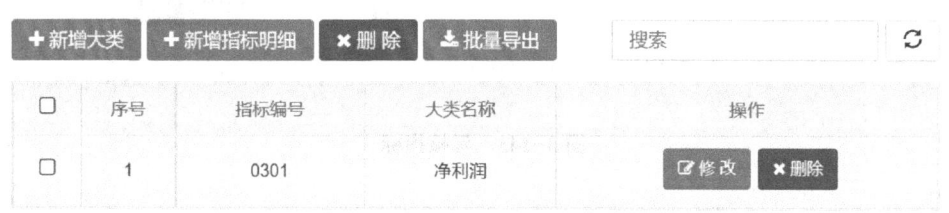

图 3-146　考核指标信息的删除和批量导出

3.4.8.2　考核类型

点击"考核类型"，定义绩效考核的类型，有月底考核、季度考核、年度考核三大类型。点击"新增"按钮（如图 3-147 所示），选择周期类型并填写考核类型描述等内容，填写完成后点击"确定"（如图 3-148 所示）。

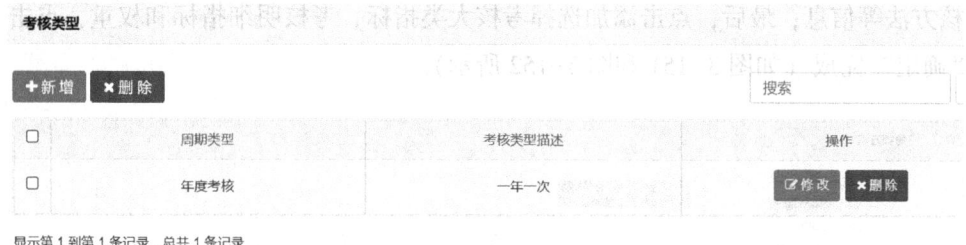

图 3-147　考核类型

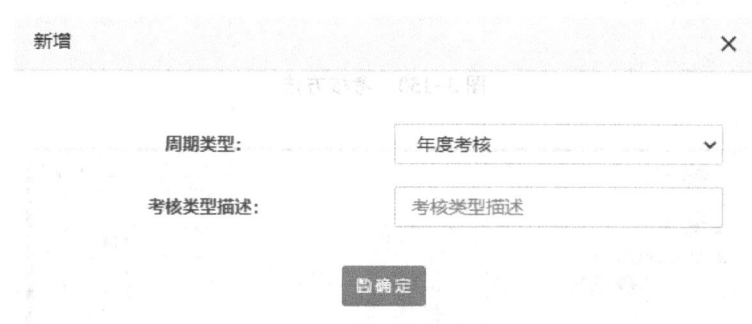

图 3-148　新增考核类型

点击表格上方的"删除"按钮，可以批量删除多条考核类型的信息；点击每条信息后面的"删除"按钮，可以单独删除本条信息（如图 3-149 所示）。

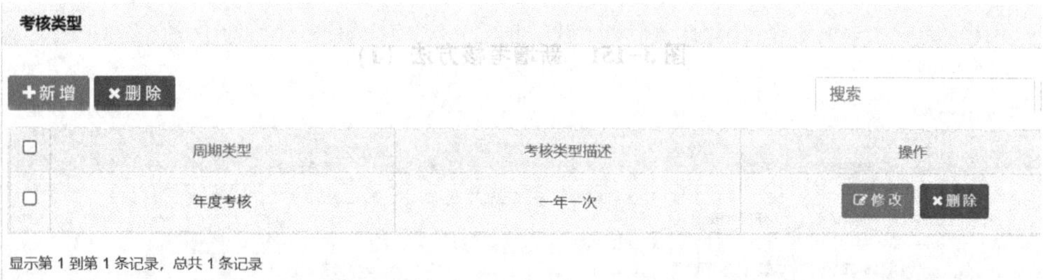

图 3-149　考核类型信息的删除

3.4.8.3　考核方法

点击"考核方法"，按部门为不同的考核类型选择考核方法，点击"新增"按钮（如图 3-150 所示），在跳出的窗口中进行操作。首先，点击左侧的公司和部门，选择绩效考核表适用的员工（可多选）；其次，在右侧选择考核名称、考核方法等信息；最后，点击添加选择考核大类指标、考核明细指标和权重，点击"确定"完成（如图 3-151 和图 3-152 所示）。

图 3-150　考核方法

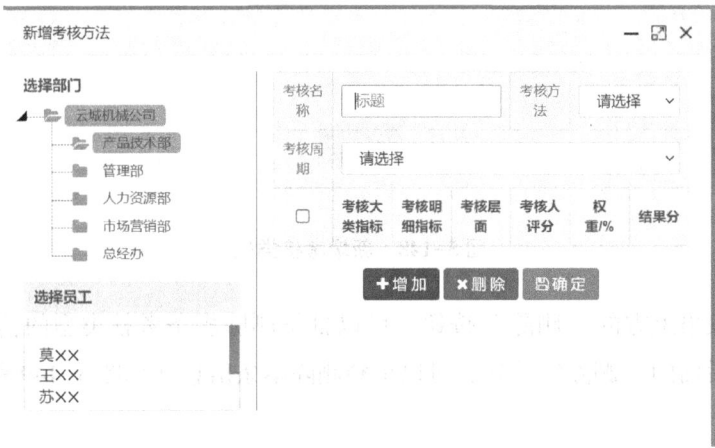

图 3-151　新增考核方法（1）

图 3-152　新增考核方法（2）

选择不同的绩效考核类型有不同的操作：年度考核仅每年考核一次，需要选择一次考核的月份；季度考核每季度考核一次，需要选择 4 个考核月份；月度考核每月一次，不用单独选择考核月份。

绩效考核的方法有关键绩效考核法、平衡计分卡和 360 度绩效考核法三种，每种考核方法需要填写的内容都有一些区别。

3.4.8.4 绩效标准

点击"绩效工资标准"，设置绩效考核结果的工资标准（如图 3-153 所示）。点击"设置"，选择考核类型，并填写考核总分评级和绩效工资设置等内容，完成后点击"确定"（如图 3-154 所示）。

	序号	考核类型	优秀绩效	良好绩效	中等绩效	较差绩效	不及格绩效	操作
□	1	年度考核	1000	700	500	0	0	修改 删除

图 3-153 绩效工资标准

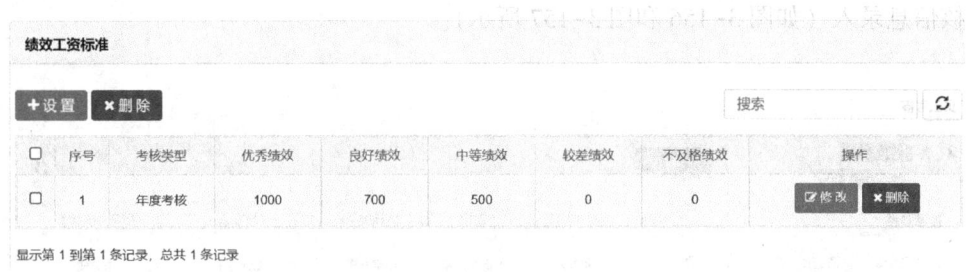

图 3-154 设置绩效工资标准

对于已设置好的绩效工资标准，可以点击操作栏的"修改"对内容进行编辑；点击"删除"按钮，可以将本条信息删除（如图 3-155 所示）。

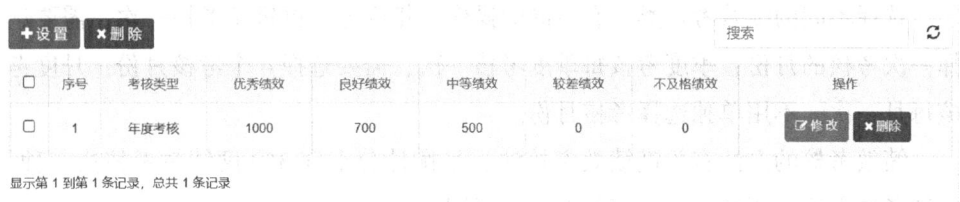

图 3-155 绩效工资标准的修改和删除

3.4.8.5 员工考核

点击"员工考核",进入员工考核界面,可以看到根据考核方法生成的表格。点击"审核"按钮,输入每个员工的考核分数,点击"确定",完成员工考核信息录入(如图 3-156 和图 3-157 所示)。

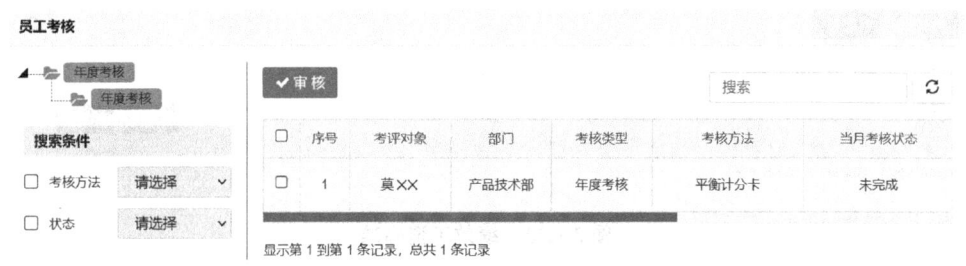

图 3-156 员工考核

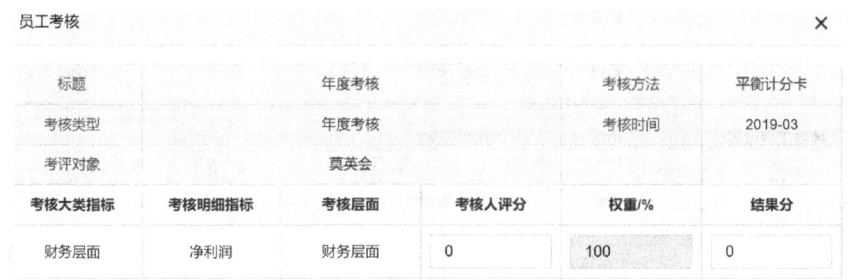

图 3-157 员工考核信息录入

将所有人员绩效考核得分录入好,确定无误后,点击"审核"按钮,保存当月绩效考核信息(如图 3-158 和图 3-159 所示)。

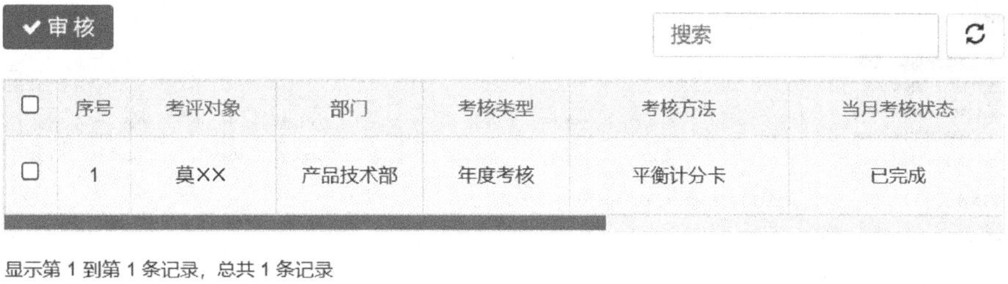

审核
搜索
序号
考评对象
部门
考核类型
考核方法
当月考核状态
1
莫XX
产品技术部
年度考核
平衡计分卡
已完成
显示第 1 到第 1 条记录，总共 1 条记录

图 3-158　审核员工考核

审核
搜索
序号
考评对象
部门
考核类型
考核方法
当月考核状态
1
平衡计分卡
已完成
信息
审核完成
确定

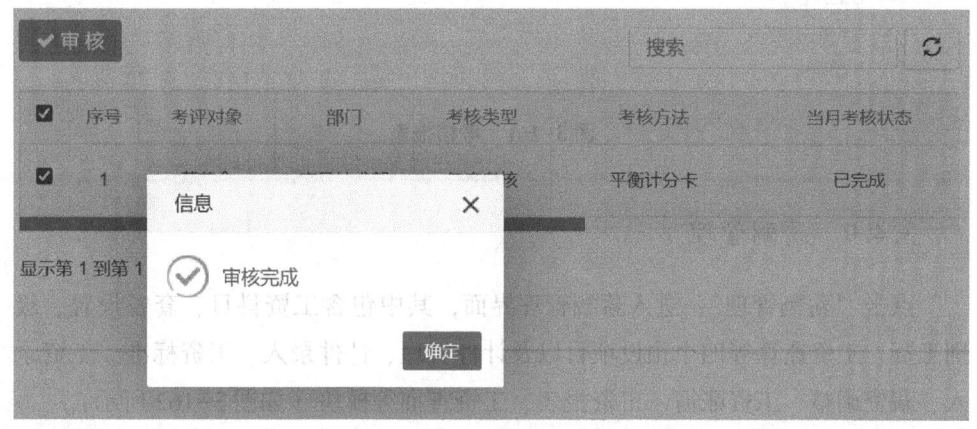

图 3-159　审核成功

3.4.8.6　绩效工资

点击“绩效工资”，进入绩效工资界面，系统会根据本月绩效考核情况和绩效工资标准生成员工的绩效工资信息（如图 3-160 所示）。

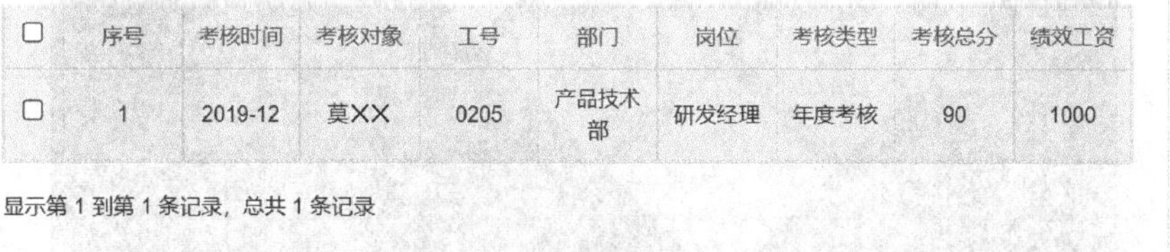

序号
考核时间
考核对象
工号
部门
岗位
考核类型
考核总分
绩效工资
1
2019-12
莫XX
0205
产品技术部
研发经理
年度考核
90
1000
显示第 1 到第 1 条记录，总共 1 条记录

图 3-160　绩效工资

3.4.8.7　考核报表

点击“考核报表”，进入考核报表界面，可以查看绩效考核结果一览表、考核评分记录明细表等，也可以通过搜索条件查找内容（如图 3-161 所示）。

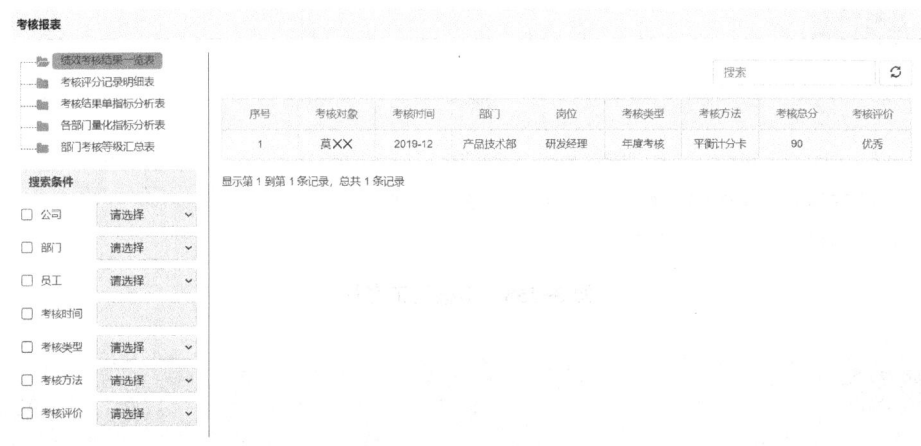

图 3-161　考核报表

3.4.9　薪酬管理

点击"薪酬管理",进入薪酬管理界面,其中包含工资科目、套餐设置、级别工资、工资速算等四个预设项目以及计件管理、计件录入、工资标准、工资录入、薪资调整、工资账簿、工资报表、工资查询等模块(如图 3-162 所示)。

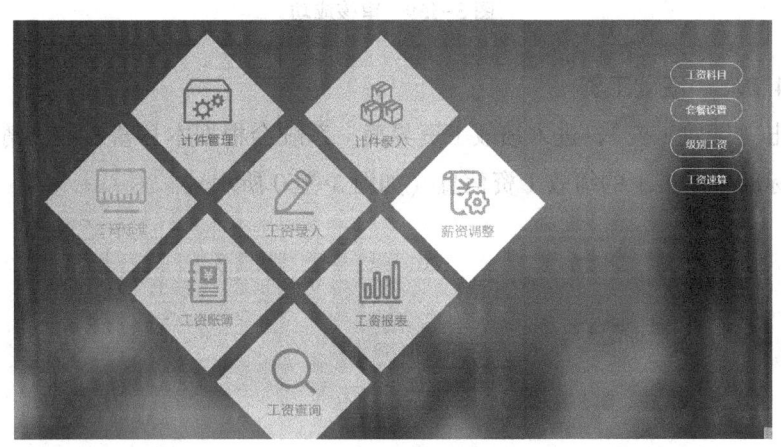

图 3-162　薪酬管理

3.4.9.1　工资科目

工资科目属于预设项目,需要在正式录入薪资前提前设置,在薪酬管理主页面的右上部分有"工资科目"的设置按钮(如图 3-163 所示)。

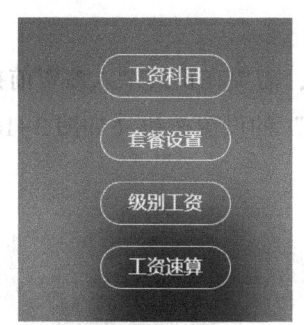

图 3-163　工资科目

点击“工资科目”，可以查看当前已有的工资科目。点击操作栏的“修改”按钮，可以修改科目名称；点击“删除”按钮，可以删除该科目（如图 3-164 所示）。若要添加新的工资科目，可以点击表格上方的“新增”按钮，输入新的工资科目名称，点击“确定”完成新增（如图 3-165 所示）。

工资科目

+新增　×删除　　搜索

☐	序号	科目编号	工资科目名称	备注	操作
☐	1	1	基本工资	-	修改 删除
☐	2	2	绩效工资	-	修改 删除
☐	3	3	考勤天数	-	修改 删除
☐	4	4	全勤奖	-	修改 删除
☐	5	5	社保保险	-	修改 删除
☐	6	6	住房公积金	-	修改 删除

显示第 1 到第 6 条记录，总共 6 条记录

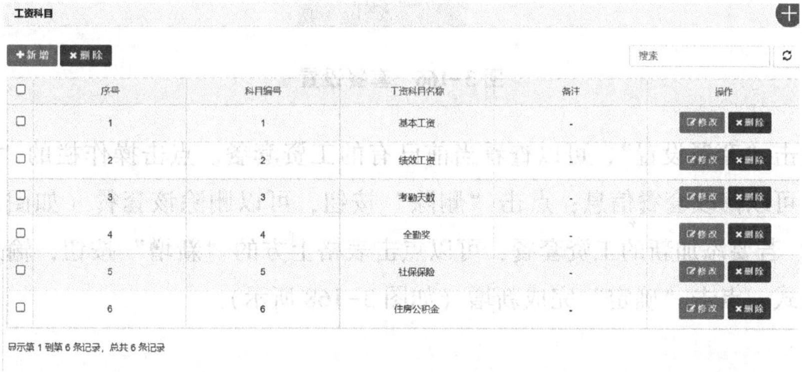

图 3-164　工资科目的修改和删除

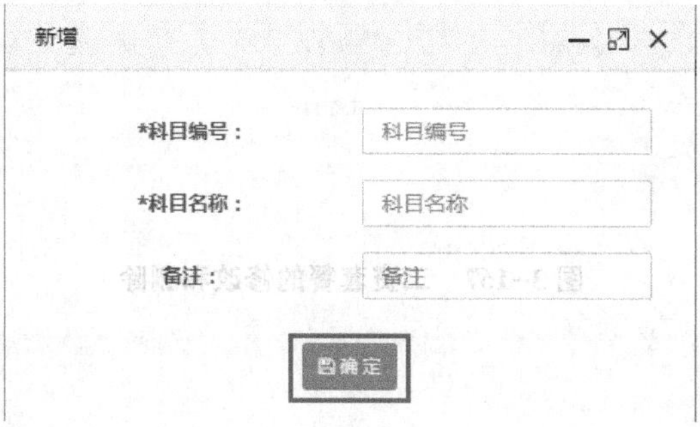

图 3-165　新增工资科目

3.4.9.2 套餐设置

套餐设置属于预设项目,需要在正式录入薪资前提前设置,在薪酬管理主页面的右上部分有"套餐设置"的设置按钮(如图3-166所示)。

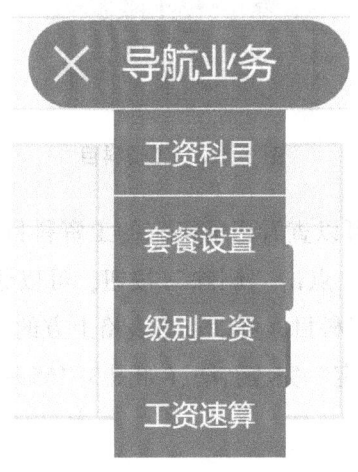

图3-166 套餐设置

点击"套餐设置",可以查看当前已有的工资套餐。点击操作栏的"修改"按钮,可以修改套餐信息;点击"删除"按钮,可以删除该套餐(如图3-167所示)。若要添加新的工资套餐,可以点击表格上方的"新增"按钮,输入新的套餐公式,点击"确定"完成新增(如图3-168所示)。

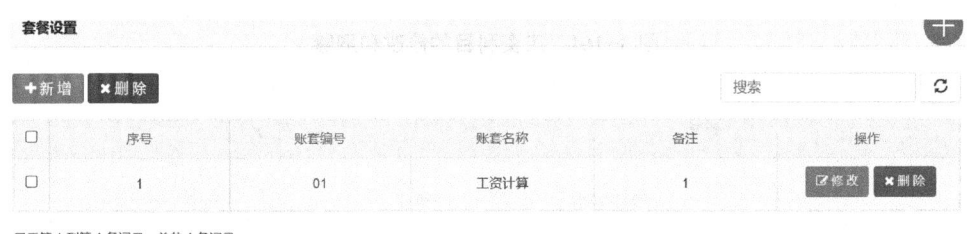

图3-167 工资套餐的修改和删除

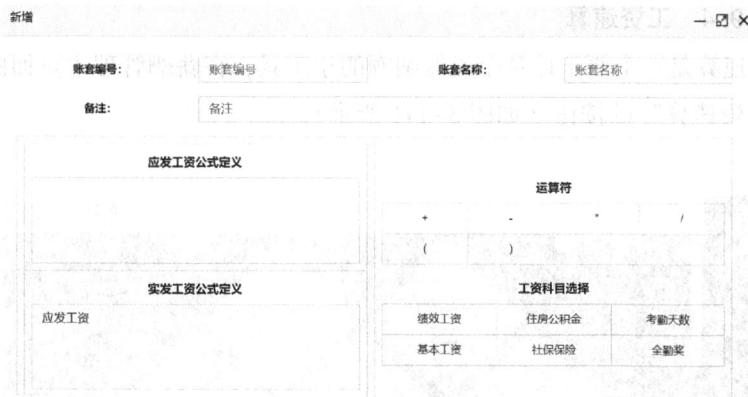

图 3-168 新增工资套餐

3.4.9.3 级别工资

级别工资属于预设项目，需要在正式录入薪资前提前设置，在薪酬管理主页面的右上部分有"级别工资"的设置按钮（如图 3-169 所示）。

图 3-169 级别工资

点击"级别工资"，可以设置本公司的工资等级和对应的基本工资。点击"编辑"，可以修改当前的级别工资内容；点击"新增"，可以在下方增加一条新的级别工资；点击"删除"，可以删除一条级别工资（如图 3-170 所示）。通常，随着等级的增长，级别工资也会越来越高。

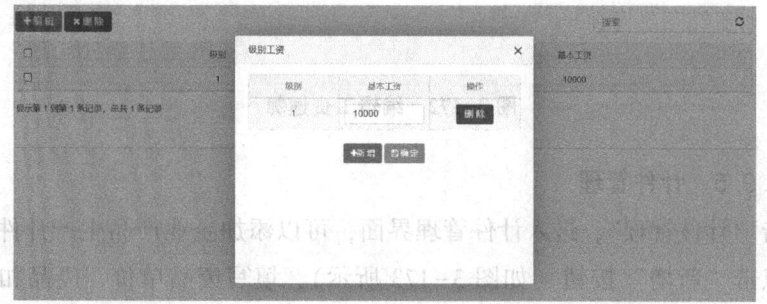

图 3-170 级别工资的编辑

3.4.9.4 工资速算

工资速算是一个便于计算个税缴纳额的小工具,在薪酬管理主页面的右上部分有"工资速算"的按钮(如图 3-171 所示)。

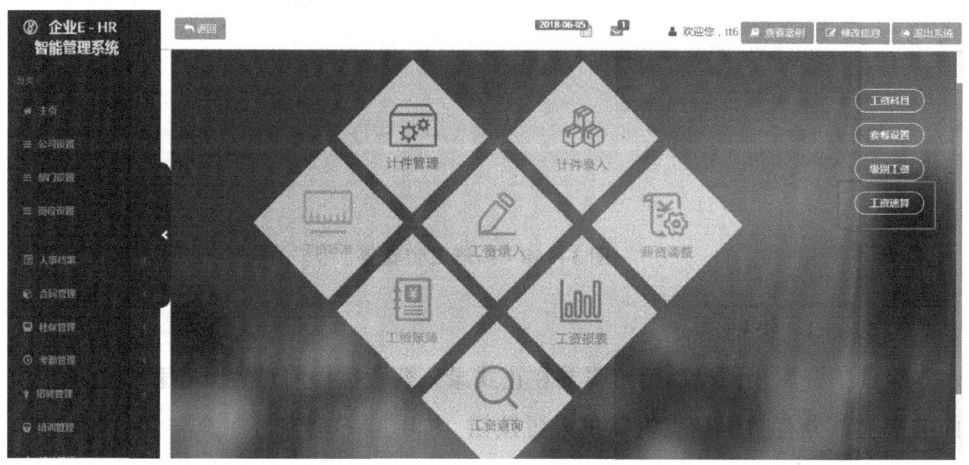

图 3-171 工资速算

点击"工资速算"按钮,输入税前应发工资金额,即可查看到应缴纳的个人所得税情况(如图 3-172 所示)。

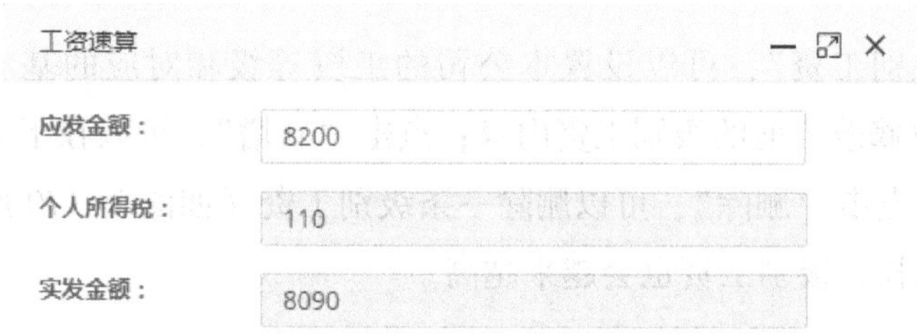

图 3-172 编辑工资速算

3.4.9.5 计件管理

点击"计件管理",进入计件管理界面,可以添加企业产品生产计件的相关定义。点击"新增"按钮(如图 3-173 所示),填写废品单价、废品扣款等信息,点击"确定"完成(如图 3-174 所示)。

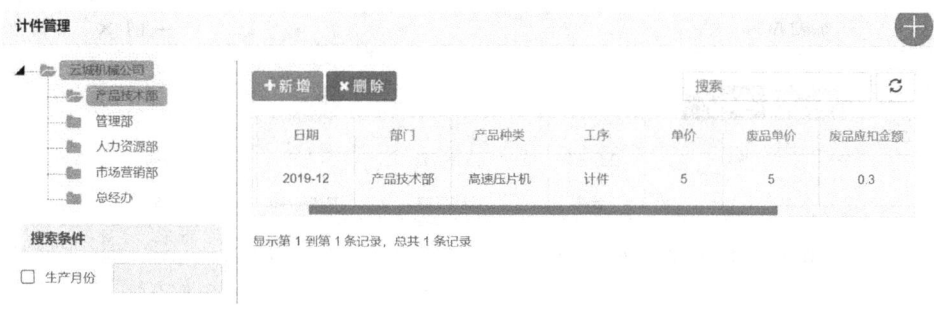

图 3-173　计件管理

图 3-174　新增计件管理

若还需添加产品、工序和班次选择，可点击"定义"按钮，重新定义。点击定义界面的"新增"按钮，新增工序、班次等信息（如图 3-175、图 3-176 和图 3-177 所示）。

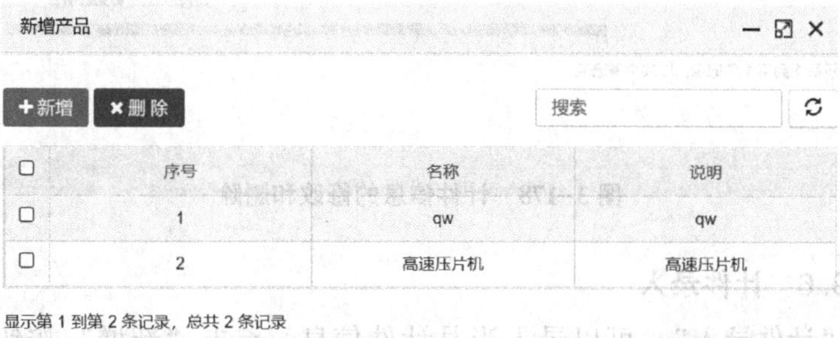

图 3-175　新增产品

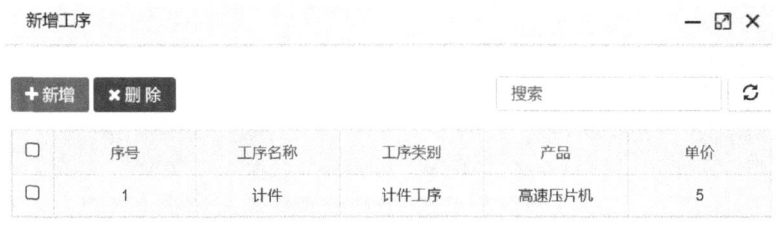

图 3-176 新增工序

图 3-177 新增班次

对于已录入的计件信息，可以点击操作栏的"修改"按钮进行修改，也可以点击"删除"按钮删除当前信息（如图 3-178 所示）。

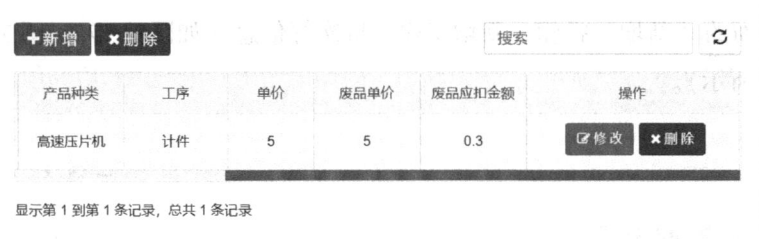

图 3-178 计件信息的修改和删除

3.4.9.6 计件录入

点击"计件录入"，可以录入当月计件信息。点击"新增"按钮，选择员工，填写该员工的计件信息，先点击"计算"按钮，得出计件相关金额，再点击"确定"按钮，完成信息录入（如图 3-179 和图 3-180 所示）。

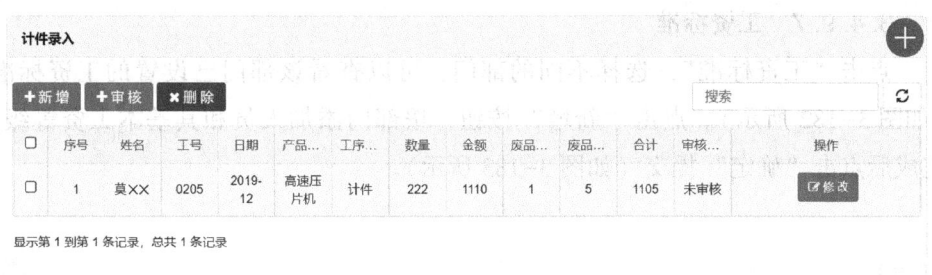

图 3-179　计件录入

图 3-180　新增计件录入

若确保已录入的计件信息正确，可以点击"审核"按钮进行审核（如图 3-181 所示）。

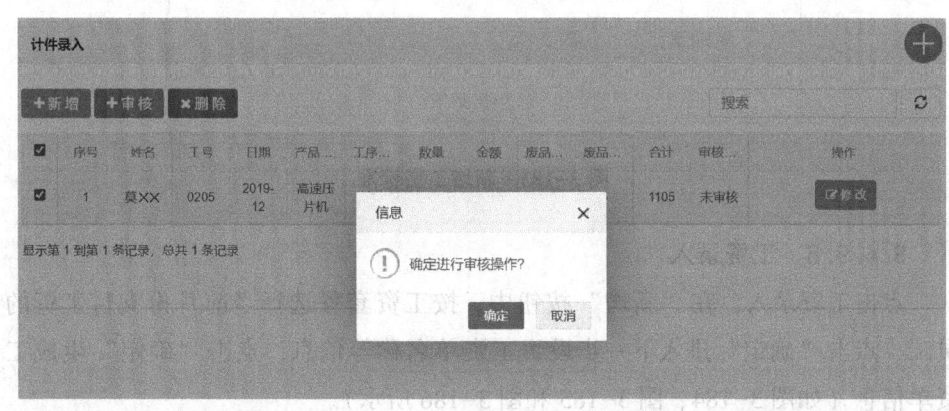

图 3-181　计件信息的审核

3.4.9.7 工资标准

点击"工资标准",选择不同的部门,可以查看该部门已设置的工资标准(如图 3-182 所示)。点击"新增"按钮,按部门添加人员和其基本工资等级,完成后点击"确定"提交(如图 3-183 所示)。

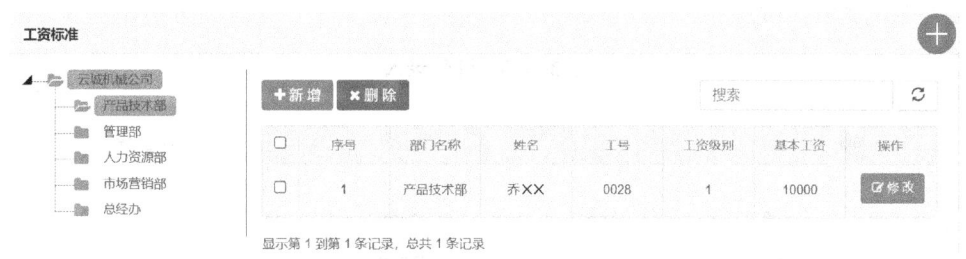

图 3-182 工资标准

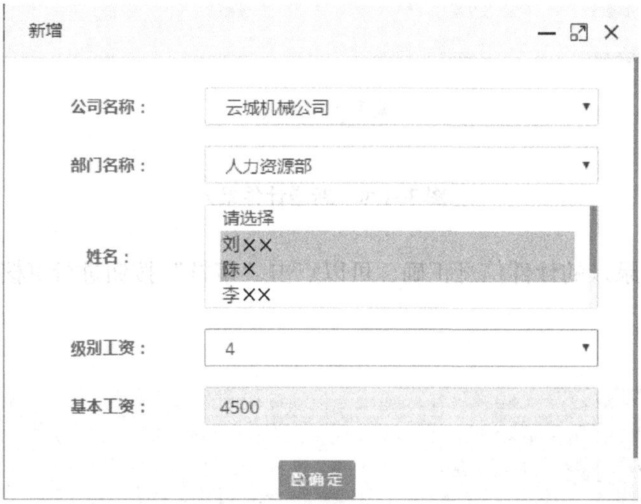

图 3-183 新增工资标准

3.4.9.8 工资录入

点击工资录入,在"新增"按钮中,按工资套餐选择当前月份支付工资的员工,点击"确定"进入下一步设置工资单名称等信息,点击"确定"生成工资单信息(如图 3-184、图 3-185 和图 3-186 所示)。

图 3-184　工资录入

图 3-185　新增工资录入（1）

图 3-186　新增工资录入（2）

工资表单生成后，还可以点击表格右侧操作栏中的"设置"按钮对每个员工的工资进行修改，点击"确定"完成（如图 3-187 所示）。

图 3-187　设置工资

在确定本月工资单核算无误后，点击"审核"按钮进行审核（如图 3-188 所示）。审核后的工资单将不能修改。

图 3-188　工资录入的审核

3.4.9.9　薪资调整

点击"薪资调整"，可以对已经设置过工资等级的员工进行薪资调整的信息录入。点击"新增"按钮（如图 3-189 所示），在弹出的窗口中选择调薪员工姓名，填写薪资调整原因等信息，完成后点击"确定"（如图 3-190 所示）。

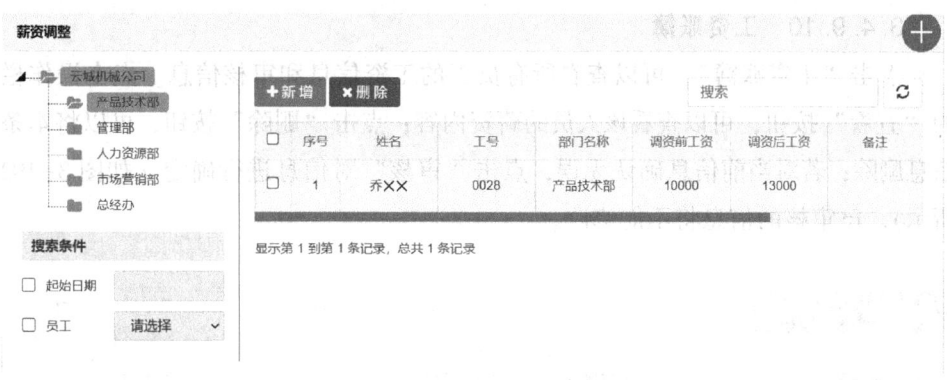

图 3-189　薪资调整

图 3-190　新增薪资调整

对于已录入的薪资调整信息，可以点击操作栏的"修改"对内容进行编辑；点击"删除"按钮，可以将本条信息删除（如图 3-191 所示）。

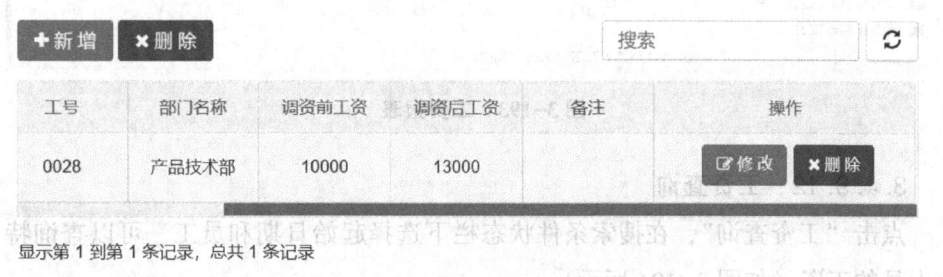

图 3-191　薪资调整信息的修改和删除

3.4.9.10 工资账簿

点击"工资账簿",可以查看所有员工的工资信息和审核信息。点击操作栏的"查看"按钮,可以查看该人员的薪资内容;点击"删除"按钮,可以将本条信息删除;若对当前信息确认无误,点击"审核"对信息进行确定(如图3-192所示)。已审核的信息将不能修改。

单据编号	员工	工资月份	工资标题	单据状态	操作
201912	莫××	2019-12	2019年12月工资	已审核	查看 删除
201912	许××	2019-12	2019年12月工资	未审核	查看 删除

显示第1到第2条记录,总共2条记录

图 3-192 工资账簿的查看、删除和审核

3.4.9.11 工资报表

点击"工资报表",可以查看各部门员工薪酬明细表、各部门及岗位薪酬汇总表、职务薪酬汇总表、部门及岗位薪酬多月合计表、员工薪酬多月合计表、计件员工每月工资汇总表和每月计件部门汇总(如图3-193所示)。

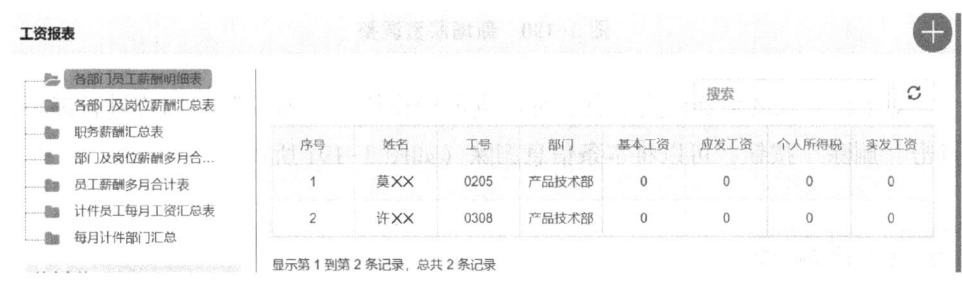

图 3-193 工资报表

3.4.9.12 工资查询

点击"工资查询",在搜索条件状态栏下选择起始日期和员工,可以查询特定人员的工资(如图3-194所示)。

图 3-194 工资查询

3.4.10 报表中心

点击"报表中心",可以查看相关报表(如图 3-195 所示)。

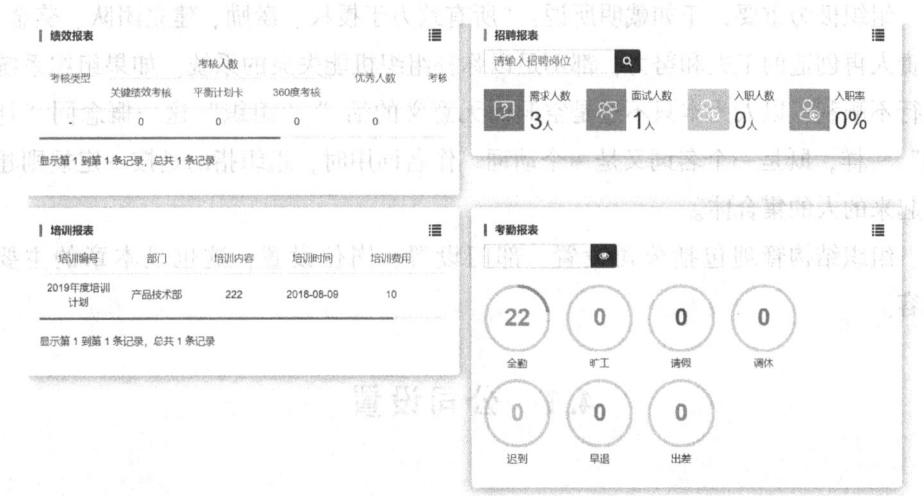

图 3-195 报表中心

4 组织结构管理

没有所谓的"唯一、正确的组织形态"这回事。

——彼得·德鲁克

组织极为重要,正如戴明所说:"所有致力于授权、激励、建立团队、奖金、负责人再创造的工夫和努力,都不足以弥补组织机能失灵的系统。如果组织系统运行不顺利,以人为本只不过是空洞而无意义的话。""组织"这一概念同"计划"一样,既是一个名词又是一个动词。作名词用时,组织指的是按一定规则建立起来的人的集合体。

组织结构管理包括公司设置、部门设置、岗位设置,这也是本章的主要内容。

4.1 公司设置

课程任务

根据背景资料,设置云城机械有限公司(以下简称"云城公司")的基本信息。

案例背景

云城公司成立于 2013 年,现坐落于东海之滨、R 市高新技术产业园区内,公司建有标准生产厂房及优雅、环保、绿化型的办公、生活、住宅楼,总面积为 21 066 平方米。由沿海高速公路、动车高铁、104 国道线、机场及开发区内六车道公路组成的便捷的交通网络,为公司发展提供了良好的外部环境。公司紧临东海,空气优良,气候宜人。

云城公司是一家集制药机械、包装机械、食品机械及化妆品机械的研发、生产、销售及相关服务于一体的科技型企业。

小组案例讨论

讨论问题:公司的类型有哪些?如何设立公司?

小组成员:

小组成员分工:

讨论用时:

相关知识

一、公司设立

公司设立,是指发起人为组建公司,使其取得法人资格,必须采取和完成的多种连续的准备行为。公司设立是动态的为成立公司而进行的各种行为的概念,具有重要意义。

二、公司形式

公司的主要形式为无限责任公司、有限责任公司、两合公司、股份有限公司、股份两合公司,其区别于非营利性的社会团体、事业机构等。现行《中华人民共和国公司法》规定的公司分为有限责任公司和股份有限公司。

无限责任公司:是指全体股东对公司债务承担无限连带清偿责任的公司。

有限责任公司:是指公司全体股东对公司债务仅以各自的出资额为限承担责任的公司。

两合公司：是指公司的一部分股东对公司债务承担无限连带责任，另一部分股东对公司债务仅以出资额为限承担有限责任的公司。

股份有限公司：是指公司资本被划分为等额股份，全体股东仅以各自持有的股份额为限对公司债务承担责任的公司。

股份两合公司：是指公司资本被划分为等额股份，一部分股东对公司债务承担无限连带责任，另一部分股东对公司债务仅以其持有的股份额为限承担责任的公司。

4.2 部门设置

课程任务

为云城公司设计组织结构。

案例背景

云城公司是一家集制药机械、包装机械、食品机械及化妆品机械的研发、生产、销售及相关服务于一体的科技型企业。

云城公司在总经理办公室下设有市场营销部、管理部、人力资源部、产品技术部四大部门。

截至2018年初，云城公司有总经理1名，各部门经理各1名，下属基层管理人员3名，员工19名（如表4-1所示）。

表4-1 云城公司部门设置及人员配备

职位	总经理办公室	市场营销部	管理部	人力资源部	产品技术部
总经理	1				
经理		1	1	1	1
主管/班组长		1			2
员工	1	5	3	2	8

 **小组案例讨论**

讨论问题：如何设计组织结构？

小组成员：

小组成员分工：

讨论用时：

 **相关知识**

企业的组织结构是经营管理运行的框架基础，是企业决策支持、实施和业务控制的载体。企业目标能否顺利实现很大程度上取决于它。追溯企业发展史，主要的组织结构类型有直线型、职能型、直线职能型、事业部型和矩阵型等。

一、直线型组织结构

直线型组织结构是所有组织结构形式中最简单的一种，其特点是：权力集中于"中央"，企业老板一手抓，决策一言堂，正式化程度低，权力链条明晰和等级制度森严。直线型组织结构主要适用于处于初创期、小规模阶段和业务活动简单的企业，随着企业规模的发展和壮大，直线型组织结构逐渐显露出弊端。创业初期的小企业往往采用这种组织形式。例如，大学校友创办的小酒吧，老板身兼采购、销售和财务等数职。

二、职能型组织结构

职能型组织结构以专业分工为原则进行职能部门设置，是一种实行专业分工管理的组织结构形式。组织依照专业分工设置职能部门，职能部门主管对部门内部的员工进行直接管理，下达命令和指示，直接指挥下属。下属既要服从直线领导的指挥，又要接受上级各职能部门的指挥。职能型组织结构更适合计划经济的企业，必须经过改造才能应用于市场经济下的企业。

三、直线职能型组织结构

直线职能型组织结构是直线型组织结构和职能型组织结构的整合，其特点是：一方面设置直线职能部门，另一方面设置参谋职能部门，高层领导者统一指挥直线职能部门和参谋职能部门，参谋职能部门只能直接指挥部门内部的员工，不能直接向直线部门的员工下达命令，只能起到智囊作用。

基于专业分工设计的直线职能型组织结构有助于提高组织管理效率，是多数企业常用的组织结构。但其局限性在于，当企业规模逐渐扩大时，职能部门过多会带来一些问题，如：各部门间的横向沟通协作变得更加复杂和困难；各项工作的请示、汇报会增加领导者的工作量，使他们不能将精力更多地放在企业管理的重大问题上。

四、事业部型组织结构

随着企业规模日益壮大，产品种类越来越多，业务经营区域不断扩张之时，直线职能型组织结构难以满足经营需要，事业部型便应运而生。按照产品、地区、顾客等标准设置企业事业部，每个事业部成为一个相对独立的经营单位，具有较大的经营权力，自主经营，独立核算，自负盈亏。总公司主要通过颁布企业重大方针政策、任免重要管理者和利润调控对事业部进行管理。多元化经营、大型企业集团、市场需求变化快和适应性灵活的企业多采用事业部型组织结构。

五、矩阵型组织结构

实行矩阵型组织结构的企业以完成特定项目和任务为目的，从各个职能部门抽调专业人员组成临时项目管理小组，从而实现各个领域专家的快速、无缝合作，及时响应客户需求。当项目或任务完成之后，项目小组立即解散，各领域专家回归所属职能部门。因此，在矩阵型组织结构中，员工受到双头领导：一方面，项目经理可以对项目成员发号施令；另一方面，职能部门主管也能对项目成员行使直线职权。多头领导会导致矩阵型组织结构的领导混乱，影响工作效率。

4.3 岗位设置

课程任务

为云城公司设计岗位。

案例背景

云城公司的岗位如表 4-2 所示。

表 4-2　云城公司岗位设置

岗　位	工作内容	工作职责
总经理办公室		
市场营销部		
管理部		
人力资源部		
产品技术部		

小组案例讨论

讨论问题：岗位设计过程中需要注意哪些事项？

小组成员：

小组成员分工：

讨论用时：

相关知识

岗位设计的主要内容包括工作内容、工作职责和工作关系三个方面。

一、工作内容

工作内容的设计是岗位设计的重点，一般包括工作的广度、工作的深度、工作的完整性、工作的自主性以及工作的反馈五个方面。

①工作的广度：即工作的多样性。工作设计得过于单一，员工容易感到枯燥和厌烦。因此，设计工作时应尽量使工作多样化，使员工在完成任务的过程中能进行不同的活动，保持工作的兴趣。

②工作的深度：设计的工作应具有从易到难的一定层次，对员工工作的技能提出不同程度的要求，从而增强工作的挑战性，提高员工的创造力和克服困难的能力。

③工作的完整性：保证工作的完整性能使员工有成就感，即使是流水作业中的一个简单程序，也要是全过程，让员工见到自己的工作成果，感受到自己工作的意义。

④工作的自主性：适当的自主权力能增加员工的工作责任感，使员工感到自己受到了信任和重视，认识到自己工作的重要性；使员工工作的责任心增强，工作的热情提高。

⑤工作的反馈：工作的反馈包括两方面的信息，一是同事及上级对自己工作意见的反馈（如对自己工作能力、工作态度的评价等），二是工作本身的反馈（如工作的质量、数量、效率等）。工作反馈信息使员工对自己的工作效果有全面的认识，能正确引导和激励员工。

二、工作职责

工作职责设计主要包括工作责任、工作权力、工作方法、相互沟通和协作等。

①工作责任：工作责任设计就是员工在工作中应承担的职责及压力范围的界定，也就是工作负荷的设定。责任的界定要适度，工作负荷过低、无压力，会导致员工行为轻率和低效；工作负荷过高、压力过大，会影响员工的身心健康，导致员工的抱怨和抵触。

②工作权力：权力与责任是对应的，责任越大，权力范围越广。否则，二者脱节，会影响员工的工作积极性。

③工作方法：包括领导对下级的工作方法设计、组织和个人的工作方法设计等。工作方法设计具有灵活性和多样性，工作特点不同，采取的具体方法也不同，不能千篇一律。

④相互沟通：沟通是一个信息交流的过程，是整个工作流程顺利进行的信息基础，包括垂直沟通、平行沟通、斜向沟通等形式。

⑤协作：整个组织是有机联系的整体，是由若干个相互联系、相互制约的环

节构成的，每个环节的变化都会影响其他环节以及整个组织的运行，因此各环节之间必须相互合作、相互制约。

三、工作关系

组织中的工作关系，表现为协作关系、监督关系等各个方面。

5 档案管理

采用先进技术加速档案管理工作现代化。

——徐向前

人事档案是在组织人事管理活动中形成的,经组织审查或认可的,记录、反映个人经历的,以个人为单位立卷归档保存的文字、音像等形式的档案。简而言之,人事档案是记录和反映个人德、能、勤、绩、廉等综合情况的,经组织认可归档保存的档案。

通过本实训,学生应掌握企业 E-HR 智能管理系统中档案的管理(如图 5-1 所示)。

本章内容包括人事档案、人事报表。

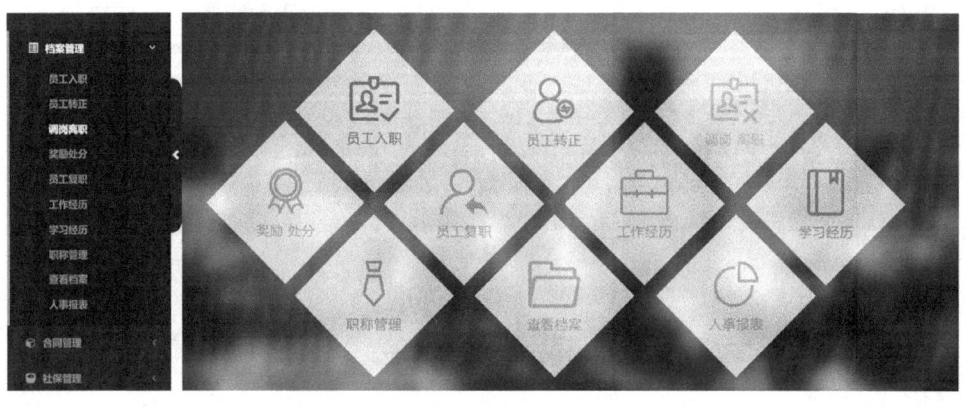

图 5-1 档案管理

5.1 人事档案

课程任务

根据背景资料，收集人事档案材料并进行归档。

案例背景

云城公司自成立以来，引进了较多的人才。2015 年入职的市场营销部经理许×曾经在著名的孟氏集团工作过 7 年，从 2007 年 6 月到 2014 年 1 月，许×从一名普通的销售人员一步步晋升为客户经理，后来因为家庭原因离职，辗转多个公司，最后在云城公司落地生根。

小组案例讨论

讨论问题：企业如何规范人事档案管理？

小组成员：
小组成员分工：

讨论用时：

相关知识

人事档案管理是指对员工的入职信息、简历、劳动合同、薪酬调查、异动材料等资料管理的统称。规范的企业人事档案管理内容应当包括以下内容。
①劳动合同等：主要是劳动合同、竞业禁止协议、保密协议等。

②履历材料：是指个人经历和基本情况，包括个人简历表、履历表、员工登记表等。

③培训材料：包括内部培训、外部培训、专项研讨会等材料。

④岗位技能和学历材料：包括评定专业技能的考绩、学历、学位、培训结业成绩。

⑤异动材料：包括员工入职、员工离职、员工晋升、薪酬变更等资料。

⑥岗位职责：明确岗位职责的材料。

在档案管理中，应严格执行保密制度，保证档案安全。由于员工档案记录员工个人在职信息，应该进行保密管理，主要领导调阅时应该授权处理。此外，应该注意员工档案信息变动后的更新。

近年来，信息技术开始陆续应用于人事档案管理工作中，人事档案信息化建设不断加快，这不仅是人事档案管理发展的必然趋势，而且能够更好地发挥人事档案在人事工作中的重要作用，为人事档案管理的健康发展起到积极的促进作用。

应运用现代化信息技术，基于信息化战略规划和人事档案信息化总体要求，将人事档案管理技术与信息化技术有效地结合起来，面向人事档案工作的全过程，规划、设计和建设一个人事档案信息系统，支持人事档案全过程业务工作自动化开展，支持人事档案信息的网络化（分权限）查询利用服务。这将为各单位人事档案信息管理提供可靠的保证，有效提升人事档案管理的现代化水平，使人事档案工作不断改进服务方式，提高管理效率，促进人事档案管理体制的改革。

5.2 人事报表

课程任务

根据背景资料，统计人员信息，并汇总成人事报表。

案例背景

云城公司部分人事信息如表 5-1 所示。

表 5-1　云城公司部分人事信息

姓名	职称	所学专业	婚姻状况	政治面貌	家庭地址
江××	无	会计	已婚	群众	湖北省××市××镇××村
谢×	无	电气自动化	已婚	群众	湖南省××县××乡×××村×××组
季××	副研究员	机电一体化	未婚	党员	湖南省××县×××乡×××村×组
周×	无	人力资源	已婚	群众	湖南省××县×××××乡××村×组
王××	无	电气自动化	已婚	群众	河南省××县××乡×××村
卫×	无	机电一体化	已婚	群众	四川省××市××区××镇××村
黄×	无	市场营销	已婚	党员	湖南省××县×××××乡×××村

 **小组案例讨论**

讨论问题：人事报表有哪些？人事报表分析的价值是什么？

小组成员：

小组成员分工：

讨论用时：

 **相关知识**

一、人事报表的类别

人事报表有考勤月度报表、季度报表、年度报表、薪资报表、本月内部异动表、本月减少人员表、本月新增人员表、员工档案明细表、人员培训情况一览表以及与绩效相关的各类报表等。

二、数据分析指标

人力资源分析指标体系分为三个层面，分别为人力资本能力层面、人力资源运作能力层面和人力资源效率层面。

1. 人力资本能力层面指标

人力资本能力层面的指标主要包括与人力资本能力相关的人力资源数量、学历、流动性、年龄、职称等方面的指标。

① 月平均人数＝报告期内每天实有人数之和÷报告期月日数

或＝（月初人数+月末人数）÷2

② 季平均人数＝季内各月平均人数之和÷3

③ 年平均人数＝年内各月平均人数之和÷12

或＝（年内各季平均人数之和）÷4

④ 流动率＝（报告期内流入人数+流出人数）÷报告期内员工平均人数×100%

⑤ 净流动率＝补充人数÷统计期平均人数×100%

⑥ 离职率＝离职总人数÷统计期平均人数×100%

⑦ 新进率＝新进人数÷统计期平均人数×100%

⑧ 内部变动率＝（单位内部岗位调整人数+集团内部调动人数）

÷报告期内员工平均人数×100%

⑨ 人员平均教育年限＝每位在岗员工接受学历教育年数之和

÷在岗员工人数

2. 人力资源运作能力层面指标

人力资源运作能力层面的指标主要包括人力资源基本运作流程指标，即人力资源规划—招聘—培训开发—考核评价—薪酬—劳动关系等反映各个环节运作能力的基本指标。

（1）招聘成本评估指标

① 招聘成本＝内部成本+外部成本+直接成本

② 单位招聘成本＝招聘总成本÷录用总人数

（2）录用人员评估指标

① 应聘者比率＝应聘人数÷计划招聘人数×100%

② 录用率＝录用人数÷应聘人数×100%

③ 招聘完成比率＝录用人数÷计划招聘人数×100%

④ 员工到位率＝到职人数÷录用人数×100%

⑤ 同批雇员留存率＝同批雇员留存人数÷同批雇员初始人数×100%

⑥ 同批雇员损失率＝同批雇员离职人数÷同批雇员初始人数×100%

⑦ 同批雇员损失率＝1−同批雇员留存率

（3）招聘渠道分布指标

①内部招聘比率＝内部招聘人数÷录用人数×100%

②外部招聘比率＝外部招聘人数÷录用人数×100%

③填补岗位空缺时间＝填补岗位空缺所花费的总天数

（4）培训指标

①培训测试通过率＝通过测试人数÷参加培训人数×100%

②内外部培训人数比例＝内部培训人数÷外部培训人数

③依岗位类别计算的受训人员比率＝某一岗位类别受训员工的人数÷接受培训的员工总人数×100%

④培训费用总额＝内部培训费用＋外出培训费用

或＝岗前培训费用＋岗位培训费用＋脱产培训费用

⑤人均培训费用＝报告期内培训总费用÷报告期内员工平均人数

⑥培训费用占薪资比＝报告期内培训费用÷报告期内工资总额×100%

⑦内外部培训费用比例＝内部培训费用÷外部培训费用

⑧平均培训满意度＝报告期内某次培训员工的满意度之和

÷报告期内培训人次

（5）绩效管理指标

①绩效工资比例＝绩效工资总额÷工资总额×100%

②A类员工比例＝绩效考核结果为A的员工数÷员工总数×100%

（6）薪酬指标

①年工资总额增长率＝报告年度工资总额÷上年度工资总额×100%－1

②年人均工资增长率＝报告年度人均工资÷上年度人均工资×100%－1

③保险总额＝养老保险＋失业保险＋医疗保险＋工伤保险＋生育保险

＋住房公积金

④人均保险＝报告期内所缴保险总额÷报告期内员工平均人数

（7）劳动关系指标

①员工投诉比例＝员工投诉的数目÷报告期内员工平均人数

②解决争端的平均时间＝解决争端所用天数÷争端总数

③职工社会保险参保率＝参保人数÷报告期内员工平均人数×100%

3. 人力资源效率层面指标

人力资源效率层面的指标是人力资源所要达到的基本效率指标，也是人力资源战略实施的效果反映。

①全员劳动生产率=报告期内工业生产总值÷报告期内员工平均人数×100%

②人均销售收入=报告期内销售收入总额÷报告期内员工平均人数

③人均净利润=报告期内净利润总额÷报告期内员工平均人数

6 合同管理

法律是一切人类智慧聪明的结晶,包括一切社会思想和道德。

——柏拉图

合同管理是企业管理的核心,是企业加强管理、维护自身经济利益的根本,是企业核心竞争力的组成部分。企业合同管理是指企业对以自身为当事人的合同依法订立、履行、变更、解除、转让、终止以及审查、监督、控制等一系列行为的总称。其中,订立、履行、变更、解除、转让、终止是合同管理的内容,审查、监督、控制是合同管理的手段。

通过本实训,学生应掌握企业 E-HR 智能管理系统中对员工劳动合同、岗位协议、保密协议、培训协议及其他自定义协议的处理(如图 6-1 所示),包括:各类合同/协议的签订、变更、续签、终止,掌握人事合同管理模块与人员机构管理、人事管理、培训管理等模块的关联,了解续签意见征询、劳动争议的处理,利用合同台账及合同报表进行查询统计。

本章内容包括劳动合同、培训协议、保密协议。

图 6-1 合同管理

6.1 劳动合同

课程任务

为云城公司的入职人员签订劳动合同。

案例背景

2018 年 6—7 月云城公司新入职员工信息如表 6-1 所示。

表 6-1 云城公司新入职员工信息

员工姓名	乔××	性别	女
卡号	0210	籍贯	贵州省贵阳市
身份证号	5225221982××××××××	毕业院校	江苏联合职业技术学院
毕业时间	2002 年	专业	市场营销
文化程度	大专	手机	1527544××××
联系地址	贵州省××县××镇××村××组	政治面貌	群众
部门	市场营销部	岗位	销售专员
入职时间	2018 年 6 月 5 日	合同年限	2 年
试用期	一个月	试用期工资	2 500 元
基本工资	3 500 元	婚姻状况	已婚
员工姓名	赵××	性别	男
卡号	0211	籍贯	贵州省贵阳市
身份证号	5225221997××××××××	毕业院校	河北工业大学城市学院
毕业时间	2018 年	专业	物流管理
文化程度	本科	手机	1521599××××
联系地址	贵州省××县××镇××村×××组	政治面貌	群众
部门	市场营销部	岗位	销售专员
入职时间	2018 年 6 月 5 日	合同年限	2 年
试用期	一个月	试用期工资	2 500 元
基本工资	3 500 元	婚姻状况	已婚

续表

员工姓名	许×	性别	男
卡号	0405	籍贯	湖南省怀化市
身份证号	4330011991××××××××	毕业院校	天津商业大学
毕业时间	2014 年	专业	人力资源管理
文化程度	本科	手机	1527544××××
联系地址	湖南省××县××乡×××村	政治面貌	群众
部门	人力资源部	岗位	人力资源专员
入职时间	2018 年 6 月 5 日	合同年限	5 年
试用期	两个月	试用期工资	2 500 元
基本工资	3 500 元	婚姻状况	未婚
员工姓名	吴××	性别	男
卡号	0313	籍贯	贵州省贵阳市
身份证号：	5225221987××××××××	毕业院校	盐城工学院
毕业时间	2007 年	专业	土木工程
文化程度	本科	手机	1526847××××
联系地址	贵州省××县××镇××村××组	政治面貌	群众
部门	产品技术部	岗位	研发专员
入职时间	2018 年 7 月 10 日	合同年限	2 年
试用期	一个月	试用期工资	2 500 元
基本工资	4 000 元	婚姻状况	已婚

小组案例讨论

讨论问题：你们小组所了解的劳动合同的种类有哪些？请为以上人员办理入职手续。

小组成员：

小组成员分工：

讨论用时：

 相关知识

一、劳动合同概述

劳动合同是指劳动者与用人单位之间确立劳动关系，明确双方权利和义务的协议。订立和变更劳动合同，应当遵循平等自愿、协商一致的原则，不得违反法律、行政法规的规定。劳动合同依法订立即具有法律约束力，当事人必须履行劳动合同规定的义务。

二、劳动合同的种类

1. 按照劳动合同的期限划分

按照劳动合同的期限划分，可以分为固定期限劳动合同、无固定期限劳动合同和以完成一定工作为期限的劳动合同。

固定期限劳动合同是指双方当事人在劳动合同中明确约定合同终止时间的劳动合同，也称为定期劳动合同。定期劳动合同的期限届满，劳动关系自行终止。但是，如果双方当事人有延续劳动合同的意思表示，固定期限劳动合同可以延长。固定期限劳动合同按照期限划分，可以分为长期劳动合同（5~10年）、中期劳动合同（1~5年）和短期劳动合同（1年或者几个月）。

无固定期限劳动合同是指双方当事人在劳动合同中没有明确约定合同终止日期的劳动合同。无固定期限劳动合同在劳动者法定的劳动年龄内和用人单位存在的期限内有效。签订无固定期限劳动合同的用人单位，不得将法定解除劳动合同的条件约定为终止条件，劳动合同一般不能终止。

以完成一定工作为期限的劳动合同是指以完成某项工作或者某项工程的日期为劳动合同终止日期的劳动合同。该项工作或者工程开始的时间，就是劳动合同履行的起始时间；该项工作或者工程一旦完成，劳动合同随即终止。以完成一定工作为期限的劳动合同是一种特殊的固定期限劳动合同，适用于建筑业、交通和水利工程等项目。

2. 按照劳动合同产生的方式划分

按照劳动合同产生的方式划分，可以分为录用合同、聘用合同、借调合同和劳务派遣合同。

录用合同是指用人单位通过面向社会公开招收、择优录用的方式所签订的劳动合同。录用合同一般适用于在劳动力市场上公开招聘劳动者。

聘用合同是指用人单位与被聘用劳动者之间签订明确双方责、权、利的劳动合同。聘用合同一般适用于聘请专家、顾问、管理人员和其他专门人才。例如，我国事业单位招聘工作人员就使用聘用合同。

借调合同是指借调单位、被借调单位与借调人员之间，确定借调关系、明确相互间权利和义务的劳动合同。借调合同是用人单位间调剂余缺、相互协作而签订的劳动合同，适用于工作岗位配置不协调、人力资源缺乏的单位，也适用于工作岗位配置合理、人力资源较丰富的用人单位。

劳务派遣合同是指劳务派遣单位按照用工单位的要求招收劳动者并与之订立的劳动合同。在这种特殊的用工形式下，劳务派遣单位与被派遣劳动者建立劳动关系，但是被派遣劳动者的劳动过程通常由用工单位管理，被派遣劳动者的工资和各项社会保险费待遇由用工单位提供给劳务派遣单位，劳务派遣单位支付被派遣劳动者工资，并为被派遣劳动者办理参加社会保险登记、缴费等方面的事务。劳务派遣的最大特点是劳动力雇用与劳动力使用相分离，被派遣劳动者不与用工单位签订劳动合同、建立劳动关系，而与派遣单位建立劳动关系，形成"有关系没劳动，有劳动没关系"的特殊形态。劳务派遣具有用工灵活、转移风险等特点，一般适用于临时性、辅助性或者替代性的工作。

3. 按照劳动合同订立的方式划分

按照劳动合同订立的方式划分，可以分为口头劳动合同和书面劳动合同。

口头劳动合同也称为非要式劳动合同，即由劳动关系当事人以口头形式确定的劳动合同。这类劳动合同适用于当事人之间的权利和义务可以在短时间内结清的情形。

书面劳动合同也称为要式劳动合同，即依据法律法规的规定以书面形式订立的劳动合同。很多国家的法律法规都规定，劳动者和用人单位必须订立书面劳动合同。《中华人民共和国劳动法》规定，劳动合同的订立应当采取书面形式。

4. 按照用工形式划分

按照用工形式划分，可以分为全日制劳动合同和非全日制劳动合同。

全日制劳动合同是指劳动者按照国家法定劳动时间的规定，从事全时工作的劳动合同。《中华人民共和国劳动法》和《国务院关于修改〈国务院关于工作时间的规定〉的决定》规定，实行日8小时、周40小时的工作制。

非全日制劳动合同是指劳动者按照国家法定劳动时间的规定，从事部分工作时间的劳动合同。非全日制劳动合同是劳动合同的一种特殊形式。

6.2 培训协议

课程任务

与云城公司中参与培训的人员签订培训协议。

案例背景

为了提高公司财务部门的专业技能，云城公司拟安排管理部刘经理和财务专员小于在4月10日去B省财经大学参加为期半月的专业技能培训，了解财会方面最新的政策时事，学习全盘账核算审核的实操。云城公司为两位员工支付培训费用共计7 480元，希望刘经理与小于在培训回来之后能够切实地提高财务处理能力。云城公司和刘经理与小于签订了服务期2年的培训协议，若他们在服务期内离职，则需赔偿企业服务期尚未履行部分所应分摊的培训费用。

小组案例讨论

讨论问题：你们小组所了解的培训协议的概念。

小组成员：

小组成员分工：

讨论用时：

一、培训协议的概念

培训协议，是指用人单位与劳动者之间就用人单位出资为劳动者提供培训条件或者提供培训机会，而劳动者承诺为单位服务一定时期的合同。培训协议中一般会约定具体的培训内容、培训条件、服务期以及违约责任等内容。

二、培训协议模板

培训协议模板见图6-2。

培训协议书

用人单位法定代表人或负责人：_____（以下简称甲方）　职位：_____

企业注册地址：_____

单位地址：_____

邮政编码：_____　联系电话：_____

劳动者姓名：_____（以下简称乙方）

身份证号码：_____　性别：_____

出生年月：____年____月____日　民族：_____　文化程度：_____

户口所在地：_____

通信地址：_____　邮政编码：_____　联系电话：_____

甲方就出资为乙方提供专项技术培训，并就该培训后双方的权利、义务，本着自愿平等、协商一致的原则达成如下协议：

一、双方确定甲方向乙方提供的本次培训为专项技术培训，乙方表示接受并愿意履行相应的义务。

二、培训课程及相关培训条件

1. 培训将于____年____月____日至____年____月____日进行。该培训的确切期限以企业的发展需要和运营计划为基础而予以确定。

2. 乙方承诺，在培训期间，必须遵守培训地点所适用的法律和法规，如有违反，责任自担。

3. 甲方必须支付与培训相关的各种费用，包括但不限于往返路费、食宿费用、学费、考察费等。该培训费用的总额为____元（大写：____万____千____百____拾____元____角____分）。具体费用明细以乙方培训结束后财务的结算单为准。

4. 乙方的培训课程按甲方和培训地点的安排为准。

5. 乙方承诺在该培训结束之时随即返回甲方所制定的任职岗位。

6. 培训期间，乙方必须严格要求自己，认真学习，如规定要考试和取得证书，必须通过学校的相关考试，并将取得的证书副本交人事部门存档备案。如未能按要求取得证书，所有费用由乙方自行承担。

三、服务期限的约定

1. 双方约定，本次培训后，乙方的必须服务期为_____年。服务期限按乙方培训结束回甲方工作岗位之日起为起始日。

2. 双方约定，服务期限长于劳动合同期限，当劳动合同届满时，服务期继续履行。

四、违约金的约定

1. 在约定的服务期内，乙方若因个人原因而解除或因非甲方过错而被甲方解除服务期限，则应当承担培训违约金。

2. 违约金的标准以本协议中合计培训费用总额为基数，并按服务期年限的比例逐年递减计算。计算方法为：需支付的费用＝总的培训费用/约定的服务月份×尚未完成的服务月份。

五、双方约定本协议作为劳动合同的有效组成部分。

六、本协议一式两份，双方各执一份。

七、本协议自双方签字盖章之日起生效。

甲方：（盖章）   乙方：（签名）

法定代表人（委托代理人）：（签名）

主要负责人（委托代理人）：（签名）

签章日期：_____年____月____日   签名日期：_____年____月____日

图 6-2　培训协议模版

6.3　保密协议

课程任务

与云城公司相关人员签订保密协议。

案例背景

云城公司自成立以来，引进了较多的人才。2015 年入职的市场营销部经理许×曾经在著名的孟氏集团工作过 7 年，从 2007 年 6 月到 2014 年 1 月，许×从一名普通的销售人员一步步晋升为客户经理,后来因为家庭原因离职,辗转多个公司,最后在云城公司落地生根。因许×的工作内容会涉及公司的一些商业机密,在入职几个月后,公司便与许×签订保密协议。

小组案例讨论

讨论问题:你们小组所了解的保密协议的概念。

小组成员:
小组成员分工:

讨论用时:

相关知识

保密协议是指协议当事人之间就一方告知另一方的书面或口头信息,约定不得向任何第三方披露该信息的协议。负有保密义务的当事人违反协议约定,将保密信息披露给第三方,将要承担民事责任甚至刑事责任。

保密协议一般包括保密内容、责任主体、保密期限、保密义务及违约责任等条款。保密协议可以分为单方保密协议和双方保密协议。单方保密协议是指一方对另一方单方面负有保密义务的协议。

7 社保管理

社会保险,利国利民!

——宣传标语

通过本实训,学生应掌握在企业 E-HR 智能管理系统中对"五险一金"的设置(如图 7-1 所示),包括对福利项目、保险基数、福利项目计算关系的设置,熟悉福利缴纳计算、审核、汇缴的流程。

本章内容包括社保参数、社会保险、住房公积金。

图 7-1 社保管理

7.1 社保参数

课程任务

为云城公司确定社保缴费基数和缴纳比例。

案例背景

2018年度云城公司的社保缴费基数是4 125元,2019年度云城公司的社保缴费基数为4 388元,预计往后每年,社保缴费基数都会有5%~8%的增幅。表7-1显示了该公司"五险一金"单位和个人的缴费比例。

表7-1 云城公司"五险一金"单位和个人的缴费比例　　　单位:%

项目	养老保险	医疗保险	失业保险	工伤保险	生育保险	住房公积金
单位缴费比例	20	8	1.5	0.8	0.8	10
个人缴费比例	8	2	1	无需缴纳	无需缴纳	10

小组案例讨论

讨论问题:你们小组所了解的社保参数是多少?

小组成员:

小组成员分工:

讨论用时:

 **相关知识**

一、社会保险内容

社会保险包括养老保险、失业保险、医疗保险、工伤保险、生育保险以及住房公积金。自 2011 年 7 月 1 日《中华人民共和国社会保险法》生效后，用人单位应当为每名与之形成劳动关系的职工缴纳养老、失业、工伤、生育、医疗五项社会保险。用人单位方面，包括企业、机关、事业单位、社会团体、民办非企业单位、基金会、会计师事务所、律师事务所、城镇个体工商户等。职工方面，无论本埠户口、外埠户口、城镇户口、农村户口，均应当参加社会保险。

二、社保的缴费基数

社保的缴费基数，是指企业或者职工个人用于计算缴纳社会保险费的工资基数，用此基数乘以规定的费率，就是企业或者个人应该缴纳的社会保险费的金额。

各地的社保缴费基数与当地的平均工资数据相挂钩。它是按照职工上一年度 1 月至 12 月的所有工资性收入所得的月平均额来确定的；每年确定一次，且确定以后，一年内不再变动，社保基数申报和调整的时间一般是 7 月。

企业一般以企业职工的工资总额为缴费基数，职工个人一般则以本人上一年度的月平均工资为个人缴纳社会保险费的工资基数。在我国，缴费基数由社会保险经办机构根据用人单位的申报，依法对其进行核定。

社会保险缴纳一般是单位和个人各缴纳一部分，单位所要缴纳的比例要比个人缴纳的比例多一些，但缴纳的数额则取决于单位为劳动者所缴纳的基数。

7.2 社会保险

 **课程任务**

为云城公司新入职员工办理社会保险。

案例背景

2018年6—7月云城公司新入职员工有乔××、赵××、许×等人,请分别为他们办理社会保险手续。

 **小组案例讨论**

讨论问题:你们小组所了解的社会保险的内容有哪些?缴纳基数分别是多少?

小组成员:
小组成员分工:

讨论用时:

 **相关知识**

社会保险具有以下性质:

①保障性。实施社会保险的根本目的就是保障劳动者在其失去劳动能力之后的基本生活,从而维护社会的稳定。

②法定性。法定性就是国家立法,强制实施。保险待遇的享受者及其所在单位,双方都必须按照规定参加并缴纳社会保险基金,不能自愿。法定性是实现社会保险的组织保证,目的在于保障劳动者因暂时或永久丧失劳动能力以及失业时获得生活保险,安定社会秩序。

③互济性。互济性是指社会保险按照社会共担风险原则进行组织。社会保险费用实行社会统筹,建立社会保险基金。社会保险机构要用互助互济的办法统一调剂基金,支付保险金和提供服务,实行收入再分配,使参加社会保险的劳动者生活得到保障。

7.3 住房公积金

课程任务

为云城公司转正员工办理住房公积金。

案例背景

员工入职后,公司即为员工缴纳五险,转正后缴纳住房公积金。

小组案例讨论

讨论问题:你们小组所了解的住房公积金的内容有哪些?

小组成员:
小组成员分工:

讨论用时:

相关知识

一、住房公积金的定义

住房公积金,是指国家机关、国有企业、城镇集体企业、外商投资企业、城镇私营企业及其他城镇企业、事业单位、民办非企业单位、社会团体及其在职职工缴存的长期住房储金。

住房公积金的定义包含以下五个方面的含义:

①住房公积金制度只在城镇建立,农村不建立住房公积金制度。

②只有在职职工才实行住房公积金制度。无工作的城镇居民、离退休职工不实行住房公积金制度。

③住房公积金由两部分组成，一部分由职工所在单位缴存，另一部分由职工个人缴存。职工个人缴存部分由单位代扣后，连同单位缴存部分一并缴存到住房公积金个人账户内。

④住房公积金的缴存具有长期性。住房公积金制度一经建立，职工在职期间必须不间断地按规定缴存，除职工离退休或发生《住房公积金管理条例》规定的其他情形外，不得中止和中断。这体现了住房公积金的稳定性、统一性、规范性和强制性。

⑤住房公积金是职工按规定存储起来的专项用于住房消费支出的个人住房储金，具有两个特征：

一是积累性，即住房公积金不是职工工资的组成部分，不以现金形式发放，并且必须存入住房公积金管理中心在受委托银行开设的专户内，实行专户管理。

二是专用性，住房公积金实行专款专用，存储期间按规定用于购、建、大修自住住房或交纳房租。

二、住房公积金的性质

①保障性。建立职工住房公积金制度，为职工较快、较好地解决住房问题提供了保障。

②互助性。建立住房公积金制度能够有效地形成有房职工帮助无房职工的机制和渠道，而住房公积金在资金方面为无房职工提供了帮助，体现了职工住房公积金的互助性。

③长期性。每一个城镇在职职工自参加工作之日起至退休或者终止劳动关系的这一段时间内，都必须缴纳个人住房公积金；职工所在单位也应按规定为职工补助缴存住房公积金。

8 考勤管理

古人贱尺璧而重寸阴,惧乎时之过已。

——曹丕《典论·论文》

通过本实训,学生应掌握在企业 E-HR 智能管理系统中实现员工考勤管理流程(如图 8-1 所示),包括考勤设置、排班管理、刷卡数据、日常业务、报表的统计分析等考勤休假管理的全过程处理。

本章内容包括基本参数、日常考勤、假期管理、出差管理、加班管理。

图 8-1 考勤管理

8.1 基本参数

课程任务

为云城公司确定考勤参数，如迟到、早退扣款，各类补贴标准和年休假标准。

案例背景

云城公司工作时间分为冬夏两季，实行不同的工作作息。
夏令时：6—9月，上午8：00—12：00，下午3：00—6：00。
冬令时：10月—次年5月，上午8：00—12：00，下午2：30—5：30。
公司实行双休，工作日员工每天须按时到岗，上下班均需使用考勤机打卡。迟到、早退超过10分钟即扣发薪金20元作为处罚，超过30分钟以上未请假则视作旷工。

小组案例讨论

讨论问题：如何为公司制定考勤管理制度，什么样的考勤制度较为合理？

小组成员：
小组成员分工：

讨论用时：

相关知识

一、考勤管理
考勤管理是企业管理中最基本的管理，企业规定员工的工作日、上下班时间

及请假、加班、出差、外出等制度,考勤管理人员月底需要向主管和财务提供员工的考勤数据,包括迟到、请假、加班、早退、旷工等。

二、考勤管理制度模板

考勤管理制度模板见图 8-2。

考勤制度管理

为确保公司各部门工作有序进行,根据公司经营管理生产情况,特制定以下考勤制度:

一、出勤时间

工作时间:每周工作 6 天,每天 8 小时,正常时间为上午 8 点半到下午 6 点,午休为一个半小时(12:00~13:30)。

二、考核办法

打卡:员工每天上班打卡,员工应亲自打卡,帮助他人打卡和接受他人帮助打卡者,无论是否迟到,均按迟到计算。若员工忘记打卡,则需要员工的直接上级把员工漏掉打卡的时间报办公室进行补签。

公出:一个工作日内的公出需在内勤处登记,以方便转接电话和留言。出差、事假等需事前得到总经理批准,并到办公室登记备案。

请假:任何类别的假期都需上级负责人事前批准,并到办公室登记备案,如有紧急情况,不能事先请假,应在两小时以内电话通知上级负责人和办公室并在上班当日补办手续,否则以旷工计。

三、考核制度

全勤奖:每月 200 元,以签到表为准。

1. 迟到、早退规定

上班:8:45 以后到达,视为迟到。下班:17:45 以前离开,视为早退。

特别条款:在一个自然月份里,允许两次迟到(不晚于上班时间一个小时,给员工应急时使用。超过一个小时,扣除缺勤时间的工资)。

2. 处罚规则

在一个自然月份里,第三次或更多的迟到处理如下:

A:8:45~9:00 上班,17:45~18:00 下班,即迟到、早退 0~15 分钟/次,扣款个人月工资的 1%;

B:9:00~9:15 上班,17:30~17:45 下班,即迟到、早退 16~30 分钟/次,扣款个人月工资的 2%;

C:9:15~9:30 上班,17:00~17:30 下班,即迟到 30~45 分钟/次,扣款个人月工资的 3%;

D:9:30 以后上班,17:00 点以前下班,按旷工一天计旷工。

连续三个工作日无故缺勤,或未经批准休假者将被视为旷工。

在 30 天内未经批准缺勤总计 6 天(48 小时)者被视为旷工,并予以辞退。

四、考勤统计

各种休假单、加班单应于每月 5 日前交至财务部。

图 8-2 考勤管理制度模板

8.2 日常考勤

课程任务

为云城公司确定日常考勤标准。

案例背景

2018 年 7 月，云城公司全勤率达 85%，没有出现无故旷工的情况。

小组案例讨论

讨论问题：在日新月异的现代社会中，公司如何管理考勤？

小组成员：
小组成员分工：

讨论用时：

相关知识

目前用得比较多的日常考勤工具有指纹考勤机、打卡机及考勤软件等。

一、指纹考勤机

员工上下班时只需要在指纹考勤机上按下曾注册过的指纹，就会留下考勤时间记录。它基于指纹识别技术来实现，员工事先将指纹注册到指纹考勤机中，一人可以注册多枚指纹。当员工按指纹时，指纹考勤机在所注册的指纹库中寻找相似度达到一定标准的指纹号码。指纹考勤机相对于感应卡考勤机的最大好处就是可以避免代打卡，不用购买卡片。经过多年的发展，指纹识别技术已经比较稳定，使用面越来越广。指纹考勤机也有缺点：有少部分人的指纹在指纹机识别效果不佳，经常打不上指纹。为此，一般考勤机增加了密码考勤，当打不上指纹时，可以输入自己的编号，再输入密码进行考勤，这样漏洞就出现了：员工可以用密码来代考勤。虽然如此，但考勤管理员仍然可以控制，只有确实不能打指纹的人才可以录入密码，而且用指纹考勤还是密码考勤在考勤系统中都可以查出。

二、打卡机

目前使用较多的打卡机是机械类打卡机、电子类打卡机和刷卡打卡机。机械类打卡机的主要优点是结实、耐用、体积大；缺点是精确度不高，不打卡时有噪声，手动进卡。它适用于大型工厂或人数较多的单位使用。电子类打卡机的主要优点是不打卡时无噪声，体积较小，打卡时可自动吸卡、退卡；缺点是适用的人数较少，一般为 100 人以下使用。刷卡打卡机主要分磁卡、条码卡、IC 卡三类。目前应用最多的是磁卡和条码卡考勤机，主要特点为使用计算机汇总原始数据，最后通过打印机打出报表，查询方式比较方便，但是价位偏高，操作比较麻烦，一般适合人员较多、作息时间比较有规律的单位使用。

三、考勤软件

考勤软件是记录员工考勤数据并生成相关报表的软件。现在的考勤软件已经不仅仅局限于单一考勤，而是一套集人事、考勤、薪资、门禁于一体的模块化企业管理软件。它能在 Windows 9x/2000/nt 下运行，可设置任意多的班次、上下班的类别、加班类别、请假类别、自动识别读卡人的班次等，排班灵活，有自动排班表编辑功能，解决日班、双班、三班、值班等各种班次的并存要求，多个组合查询任意时间段的各项资料，并可自动统计出上班、加班、考勤、出差等出勤情况，同时可以根据用户自定义自动计算出最终考勤结果和工资情况。

8.3　假期管理

为云城公司确定假期管理制度。

案例背景

2018年7月,云城公司有4人请假或调休,具体信息如下:

7月1日至3日,胡×、莫××前往G省拜访客户,由于1日是周日,按公司制度可视为加班,能安排调休。

7月12日星期四,李××请假一天,照顾发烧的幼子。

7月18日星期三,庄××因发烧请病假两天。

7月27日星期五,莫××调休一天,参加亲戚家的婚礼。

小组案例讨论

讨论问题:公司如何制定假期管理制度?

小组成员:

小组成员分工:

讨论用时:

相关知识

一、假期管理制度的性质

①权威性。管理制度由具有权威的管理部门制定,在其适用范围内具有强制约束力,一旦形成,不得随意修改和违犯。

②完整性。一个组织的管理制度,必须包含所有执行事项,不能有所遗漏,如新的执行事项产生,应相应地制定管理制度,确保所有事项"有法可依"。

③排他性。某种管理原则或管理方法一旦形成制度,与之相抵触的其他做法均不能实行。

④特定范围内的普遍适用性。各种管理制度都有自己特定的适用范围,在这

个范围内,所有同类事情均需按此制度办理。

⑤可执行性。组织所设置的管理制度必须是可执行的,不能偏离组织本身事务,成为一纸空文。

⑥相对稳定性。管理制度一旦制定,在一段时间内不能轻易变更,否则无法保证其权威性。但这种稳定性是相对的,当现行制度不符合变化了的实际情况时,又需要及时修订。

⑦社会性。社会主义的管理制度总是为维护全体劳动者的利益而制定的。

⑧公平公正性。管理制度在组织里对每一个角色都是平等的,任何人不得在管理制度之外。

二、公司假期管理制度模板

公司假期管理制度模板见图 8-3。

公司假期管理制度

1. 凡在公司工作满 1 年的职工均可享受年度有薪假 1 次,假期为 12 天(指净占工作时间,假期中如含节假日的,可以按公司规定的休息日增加实际假期天数)。

2. 休假必须连续使用,如因工作原因无法安排连续休假,经部门经理批准,可以分两次使用,但不得多于两次。

3. 计算休假的考核年度为每年 1 月 1 日至 12 月 31 日止。凡进入公司工作满 1 年的职工,均可享受年休假 12 天(指净占工作时间);工作未满 1 年的职工,从进入公司之日起,每工作满 1 个月,休假 1 天。

4. 凡在休假考核年度内,病、事假累计超过 1 个月或者旷工累计超过 3 天者,则取消休假资格。

5. 凡具有休假资格因公司工作需要而放弃休假的员工,公司另外发给放弃休假等额工资。

注:月度标准工资是指放弃休假员工本人在发放休假工资年度平均月份的标准工资。

6. 为便于管理,员工休假时间由公司统一安排在每年的春节期间。放弃休假工资的发放时间为每年的 4 月份。

7. 休假工资的发放办法是由部门经理提供放弃休假人员名单,报人力资源部审核后,报总经理批准发放。

图 8-3 公司假期管理制度模板

8.4 出差管理

 **课程任务**

为云城公司确定出差管理制度。

案例背景

2018年7月,云城公司市场营销部员工有部分员工安排出差。

①公司员工出差,应填写出差审批单,并按以下权限审批:部门负责人出差,报请公司领导和董事长审批;其他人员出差,报请部门领导审批。

②员工出差时限由派遣领导予以核定。几人协同出差的,由主办业务部门或人员填写。因公务紧急,未能履行出差审批手续的,出差前可以通信方式请示,出差后补办手续。

③除公司高层经营管理人员外,其他员工出差前应到公司人力资源部或相应管理部门办理备案手续,返回后及时报到。

④出差费用包括交通费、食宿费、公杂费,出差应公支付的费用准予按时报销。另外,出差人员给予一天100元的额外补贴。

小组案例讨论

讨论问题:随着企业发展规模越来越大,员工队伍不断扩大,许多企业因行业、规模等实际情况,会有很多的员工长期出差在外,那么如何加强出差员工的管理呢?

小组成员:

小组成员分工:

讨论用时:

相关知识

一、出差的概念

出差是指工作人员临时被派遣外出办理公事,到常驻工作地以外的地区或城市工作或担任临时职务。

二、出差管理制度模板

出差管理制度模板见图 8-4。

出差管理制度
第一章　总则

第 1 条　目的

为了进一步规范企业员工出差管理工作，强化成本管理意识，合理控制差旅费开支，特制定本制度。

第 2 条　审批程序和权限

员工出差时应提前一天填写出差申请单，并按以下权限进行审批。

(1) 企业领导班子成员出差，报请总经理审批。

(2) 部门负责人出差，报请总经理审批。

(3) 其他人员出差，报请企业分管领导审批。

(4) 国外出差，一律由总经理核准。

第二章　出差管理细则

第 3 条　因公务紧急，未能履行出差审批手续的，出差前可以电话方式请示，出差归来后补办手续。

第 4 条　出差人员因特殊原因无法在预定期限返回销差而必须延长滞留的，根据出差者申请，经调查无误后支给出差差旅费。

第 5 条　出差人员除可利用企业车辆作为交通工具外，以利用火车、汽车为原则。但因紧急情况经总经理核准者可乘坐飞机。

第 6 条　使用企业交通车或者借用车辆者不得申领交通费。

第 7 条　因陪同客户外出或其他特殊情况下差旅费用超支或超规格乘坐交通工具的，须事先征得分管领导同意。

第 8 条　出差标准规定

(1) 出差费用标准：实行限额标准内实报实销。

(2) 远途出差如利用夜间（午后 9 时以后，午前 6 时以前）车次，住宿费减半支给。

(3) 确因工作需要招待客人时，各企业、部门要根据不同客户和人数，本着既节约又能办好事的原则，对单笔支出超过 500 元的招待费必须先请示部门经理；超过 1 000 元的招待费必须先请示总经理同意，报销时按财务相关规定报销。

(4) 随同高层人员出行的普通员工，食宿随高层人员。

(5) 如因工作需要超出标准，需在出差申请单上列明原因。

第三章　出差费用借款及报销

第 9 条　出差人员如申请出差费用借款，需填写出差费用申请表由经办人签字，部门经理、财务人员签字后，报总经理审批，予以借款。

第10条　出差人员返回企业后，5天内应按规定到财务部报账。填写报销申请单，并将原始发票粘在所附凭单上，由经办人签字，部门经理、财务人员签字后，报总经理审批，予以报销。

第11条　报销业务招待费须填写支出凭单，所附单据必须有税务部门的正式发票，列明企业抬头，数字清晰，先由经办人签字，部门经理、财务人员签字后，报总经理审批，予以报销。超审批金额外的业务招待费，一般不予开支。

第12条　其他报销、审批程序同上。

第四章　附则

第13条　出差人员要实事求是，如发现弄虚作假，一律按企业有关规章制度严肃处理。

第14条　本制度经总经理办公会通过后施行，修改时亦同。

第15条　本制度自颁布之日起执行。

图8-4　出差管理制度模板

8.5　加班管理

课程任务

为云城公司确定加班管理制度。

案例背景

一、允许加班情况

①在正常工作时间完不成任务又必须在规定的时间内完成的。

②临时布置的紧急任务。

③必须于班后或休息日完成的任务。

二、加班申请流程

员工加班须向上级主管提出申请，上级主管同意后填写"加班申请表"，报部门经理审批签字后，报人事部备案。未经批准，自行加班的不享受加班待遇。

三、加班待遇

因工作需要，员工需在工作日加班的，从公司规定的下班时间之后开始计算实际加班时间。加班时间超过一小时才能申报，支付不低于小时工资的百分之一百五十的工资报酬。

休息日安排劳动者工作又不能安排补休的，支付不低于日或者小时数工资的百分之二百的工资报酬；休息日工作，用人单位可以安排调休。安排补调休的，不计算加班时间。

法定休假日安排劳动者工作的，支付不低于日或者小时数工资的百分之三百的工资报酬。

小组案例讨论

讨论问题：企业如何降低员工加班的法律风险？

小组成员：

小组成员分工：

讨论用时：

相关知识

一、种加班类

①工作日加班。

②双休及法定假期加班。

③机关事业单位的加班。

二、加班报酬

《中华人民共和国劳动法》第44条规定："有下列情形之一的，用人单位应当按照下列标准支付高于劳动者正常工作时间工资的工资报酬：（一）安排劳动者延长时间的，支付不低于工资的百分之一百五十的工资报酬；（二）休息日安排劳动者工作又不能安排补休的，支付不低于工资的百分之二百的工资报酬；（三）法定休假日安排劳动者工作的，支付不低于工资的百分之三百的工资报酬。"

三、加班要求

①每日不得超过 1~3 小时,每月不得超过 36 小时。

②休息日工作,用人单位可以安排补休。安排补休的,不计算加班时间。

③延长工作时间加班或法定休假日加班的,用人单位不得以安排补休的方式折抵加班时间。

9 薪酬管理

9 招聘管理

如果把我最优秀的20名雇员拿走,那么微软将会变成一个不起眼的公司。

——比尔·盖茨

员工招聘是企业人力资源管理的重要工作内容之一,成功的员工招聘不但能够帮助企业寻找到合适的人才,而且对于企业高效管理起到辅助性的作用。比如,合理的招聘能够减少员工频繁流失为企业带来的损失,并且能够增强组织的凝聚力,提高员工工作的效率和士气,提高员工对于企业的忠诚度以及依赖度。通过本实训,学生应掌握在企业 E-HR 智能管理系统中实现招聘管理流程(如图 9-1 所示)。

本章内容包括招聘渠道、招聘需求、招聘计划、招聘管理、人才库管理。

图 9-1 招聘管理

9.1 招聘渠道

课程任务

为云城公司招聘研发工程师选择恰当的招聘渠道。

案例背景

由于业务需求,云城公司现需要招聘研发工程师 2 名(招聘的相关要求见图 9-2),请结合所学知识选择招聘研发工程师的合适招聘渠道。

工作职责:
1. 对产品及技术进行创新性研究,开发新产品,改善现有产品的质量,降低生产成本。
2. 按产品及技术研发计划,保质保量按时完成所担负的研发任务。
3. 参与具体的科研项目,负责项目立项建议书和可行性报告的撰写,编制项目实施计划、经费预算,并负责计划与预算的执行。
4. 对科研项目的关键技术进行调研、分析并找到解决方案。
5. 开展科研项目的试验研究,完成试验报告和项目总结报告的撰写,在项目开展过程中,确保项目执行的质量、进度、经费等满足要求。

任职要求:
1. 热能工程、流体力学、化工机械等相关专业。
2. 本科及以上学历。
3. 大学英语四级及以上,听、说、读、写熟练。

图 9-2 云城公司研发工程师职位招聘要求

小组案例讨论

讨论问题:你们小组所了解的招聘渠道有哪些?

小组成员：

小组成员分工：

讨论用时：

 **相关知识**

一、招聘渠道概述

招聘渠道又称招聘途径，是指组织进行人员招聘活动可选择的途径。招聘渠道有很多，企业需要综合考虑企业情况、招聘岗位以及应聘人员供给情况，选择合适的招聘渠道。

二、常见的招聘渠道

我们通常把招聘渠道归成两类：内部招聘渠道和外部招聘渠道。

1. 内部招聘渠道

（1）职位晋升、调动

职位晋升、调动是比较常用的内部招聘渠道，是指将公司的空缺岗位向现有员工公开，鼓励员工竞争应聘，这是一种非常有力的内部激励手段，可以提高员工的工作效率以及工作的满意度，也能够实现留住人才的目标。尽管内部晋升有非常多的好处，但是我们同时也要意识到这种内部招聘的途径有很多的弊端。比如，一个绩效表现非常优秀的基层员工不一定会成为一个很好的管理者，因为不同岗位所需要的员工任职条件不尽相同，尤其是跨层级、跨专业的岗位晋升或调动。

（2）员工推荐

以老员工推荐的方式来招聘新的员工，被认为是一种非常可靠的招聘方式。老员工在企业和新员工之间起到了一个非常关键性的桥梁作用：一方面，老员工是企业的现有员工，因此老员工的推荐会非常审慎、负责；另一方面，老员工推荐的新员工一般都是自己的亲戚或朋友，因此老员工为这些熟悉的人推荐工作的时候也会深思熟虑。正是由于老员工的双向谨慎，对于企业、新员工来说，省去了信息核实、辨别真伪的时间成本、金钱成本等。一旦推荐成功，企业需要向老员工给予一定形式的奖励。比如，2010年初，由于金融危机之后的企业订单激增,外来务工人员不足,深圳富士康推出了员工推荐老乡有奖励的方法,包括报销到深圳的路费及奖金200元。

2. 外部招聘渠道

(1) 人才介绍机构

企业将空缺岗位的招聘需求提交给人才介绍机构,人才介绍机构会在分析企业的用人需求的基础上,综合考量自身拥有的资源和信息,寻找合适的候选人并完成初步的考核,而后将合适的人选推荐给企业。人才介绍机构主要针对的对象是中低端岗位的人员。猎头公司也是一类人才介绍机构,与一般的人才介绍机构不同,猎头公司专注于企业的高层管理岗位。使用猎头公司这种招聘渠道所需的费用相对较高,是按照招聘岗位年薪的一定比例收取猎头费用的,这个比例一般为20%~30%。猎头公司这种招聘渠道会对企业和应聘人员提供保密、持续性服务。

(2) 现场招聘

现场招聘一般指招聘会,由政府部门或者人才介绍机构组织,企业和候选人在特定的场地进行面对面的沟通,在现场已经完成了简历筛选和面试,这是一种较为快速的外部招聘的形式。招聘会之所以被称为一种较为快速的外部招聘的形式,还有一个原因,大部分的招聘会都是针对特定对象展开的,比如针对应届毕业生或者某项专业技能人才的专场招聘会。参加招聘会的企业在招聘人员的时候不会盲目或空跑现场。另外,现场招聘的组织者会对参加招聘的企业的资格资质进行初步核查。

(3) 网络招聘

作为目前被众多企业广泛使用的外部招聘形式之一,网络招聘的优点主要是方便快捷。由于网络技术的不断发达,招聘信息的统计、梳理以及传输工作几乎可以由计算机全部快速处理,不受地域限制,覆盖面广,简历的投递筛选、笔试甚至面试工作均可以在网上完成,招聘企业和应聘者双方可以在短时间之内获得大量的应聘者资料和招聘信息。但同时招聘网站上也充斥着很多虚假信息和无用信息,因此招聘企业和应聘者都需要有很强大的信息甄别以及筛选的能力,同时招聘企业和应聘者的个人信息也有泄露的风险。

(4) 校园招聘

现在很多企业倾向于招聘应届毕业生,所以校园招聘也是一种较为常用的外部招聘的形式。招聘应届毕业生最大的优点在于,刚步入社会的应届毕业生可塑性较强,干劲儿充足,虽然这些初入职场的新人没有工作经验,但是较强的学习能力使他们在一定时间的培训之后可以较快胜任岗位，而且初入职场的新人对人生第一份工作会有较强的依赖和不舍，因此，相对来说离职率不会很高。

（5）传统媒体广告

传统招聘媒体包括报纸、专业杂志、电视、电台等。与网络招聘相比，传统媒体使用的时间更为久远，这一招聘渠道除了发布企业招聘信息之外，还可以对企业起到一定的宣传作用。但由于受到影响力、覆盖面、时效性等因素的影响，传统媒体更多地适用于企业基层人员和技术岗位招聘。

 小组案例讨论

讨论问题：你认为适合研发工程师的招聘渠道有哪些？

小组成员：

小组成员分工：

讨论用时：

 相关知识

选择合适的招聘渠道，需要遵循以下三个原则。

一、实现目标原则

选择的招聘渠道必须要满足待招聘岗位的需要。

二、控制成本原则

企业选择招聘渠道进行员工招聘是有一定成本的，每种招聘渠道的成本不尽相同，例如招聘网站的会员费、媒体渠道的广告费、包括校招在内的招聘会报名费或者摊位费、招聘代理的相关费用，以及中介、猎头、人才推荐的奖励费用。

三、可操作性原则

选择招聘渠道还需要考虑可操作性。举个例子，如果企业现在有招聘需求，且倾向于选择招聘会这一渠道，但是由于疫情防控的需要，举办线下招聘会的难

度很大，那么公司选择的这一招聘渠道就不具备可操作性。

小组案例讨论

讨论问题：最终你们商定的招聘渠道是什么？请说明原因。

小组成员：

小组成员分工：

讨论用时：

本次案例讨论体会和心得：

9.2　招聘需求

课程任务

为云城公司市场销售部门确定招聘需求。

案例背景

如果你是云城公司市场营销部主管，你部门近期有人员离职（如表 9-1 所示）。

表 9-1　云城公司离职人员信息

员工工号	姓名	部门	岗位	离职时间	离职原因
0209	李××	市场营销部	销售专员	2018 年 7 月 10 日	个人原因

针对人员离职情况，请你部门商讨是否需要向人力资源管理部门提出招聘需

求；如果需要，请填写招聘需求表（如表9-2所示）并提交给人力资源管理部门主管。

小组案例讨论

讨论问题：模拟市场营销部门开会商讨是否需要提出招聘需求。
会议记录：

小组成员：
小组成员分工：

讨论用时：

相关知识

一、招聘需求的概念

招聘需求是企业业务部门将新发生的用人需求向人力资源管理部门提出申请的流程。业务部门向人力资源管理部门提出招聘需求之前，需要明确招聘岗位的工作职责以及任职人员的资格要求，并经过业务部门主管审核通过后才可提交。公司一般定于每年年初由业务部门向人力资源管理部门提出本年度招聘需求申请，如果年中出现计划外的用人需求时，需要另行向人力资源管理部门提出申请，所有的招聘需求必须经过业务部门以及人力资源管理部门审核通过后才能实施招聘。

二、招聘需求分析

业务部门提出新的用人需求之后，人力资源管理部门应该做什么呢？是直接发布招聘信息进行招聘工作吗？答案是否定的。人力资源管理部门需要对业务部门提交的招聘需求进行分析，主要包括三个方面：一是业务部门提出的用人需求是否必要；二是有无其他方式能够缓解人员短缺的困境；三是业务部门对招聘需求岗位给出的各种职责、任职资格等要求是否恰当合理。

 **小组案例讨论**

讨论问题：填写招聘需求表（如表9-2所示）。

小组成员：

小组成员分工：

讨论用时：

表9-2　招聘需求表（适用表）

申请招聘部门： _____平台_____部门（事业部）		招聘岗位：	
拟招聘人数：_____人	申请日期：___月___日		希望到岗时间：___月___日
面试负责人：	接收简历邮箱（外地平台申报需要填写）：		
招聘紧急程度	□A：人员需求急，每天筛选简历并发送 □B：人员需求比较急，每2~3天筛选简历并发送 □C：人员需求不急，加大筛选力度。每5~6天筛选简历并发送		
申请招聘理由	编制内（垂直部门和平台总经理同意即可）　□编制内的人员配备　□原岗位员工离职补充　□其他 编制外（需总经理/副总经理审批）　□人员储备　□新增岗位　□申请扩大编制 □其他		
岗位职责			
任职要求	教育水平		工作年限

续表

垂直部门意见 (部门/事业部)	负责人签字：	日期
平台总经理意见 (对外地平台)	负责人签字：	日期
人力资源部意见	负责人签字：	日期
公司总经理/ 副总经理意见	负责人签字：	日期

 相关知识

招聘需求分析的步骤如下。

一、收集待招聘岗位信息

1. 书面资料

当发生招聘需求的时候，我们能够从企业当中获取的书面资料一般包括组织结构图、成员构成、公司管理制度以及工作说明书等，这些书面资料对于全面掌握企业总体情况、待招聘岗位的基本信息起到了非常重要的作用。

2. 考察与访谈

了解待招聘岗位的基本信息，除了查询现成的书面资料之外，我们还可以通过实地考察以及访谈来获取信息。实地考察指的是对待招聘岗位进行实地考察，对于岗位有全面的、直观的了解；访谈指的是对待招聘岗位其他任职者（尤其是绩效表现优秀的员工）以及待招聘岗位的工作联系者进行访谈，了解待招聘岗位的工作职责以及任职者资格。

二、明确待招聘岗位要求

在收集到待招聘岗位信息之后，我们接下来需要明确待招聘岗位的相关要求，主要包括以下3个部分。

1. 根据公司发展需求，我们需要招到怎样的员工

我们招聘员工不单要考虑到这个岗位、部门的需求，更加应该从企业发展需求的角度去思考我们应该招聘怎样的员工。企业招聘的岗位一定要和公司的发展需求相一致，因此就需要考虑公司未来的发展方向是什么，未来的业务走向是什么。举个例子，如果一个服装销售企业的销售部门向人力资源管理部门提出招聘

专柜销售员的招聘需求,但企业未来的发展方向是网络销售,那么销售部门的这一招聘需求就与企业的发展方向不相符。

从公司层面考虑招聘需求分析,除了企业发展需求之外,我们还应该考虑到待招聘员工价值观应与企业文化相一致。员工价值观与企业文化相匹配能够降低管理难度,减少员工流失,对企业来说,意义非凡,作用重大。

2. 待招聘岗位的工作职责、任职资格是怎样的

从部门以及岗位需求层面考虑,我们在确定岗位招聘需求的时候,需要明确待招聘岗位的工作职责以及任职资格,其中工作职责相关的内容应该包括这项工作的目的、工作任务、工作职责以及工作关系,任职资格应该包括工作所需的知识、经验、智力水平、体力要求以及心理素质等。

3. 公司能够为应聘人员提供怎样的薪资、福利待遇

企业在确定岗位招聘需求的时候,除了从企业层面、岗位层面考虑招聘要求之外,还应该明确企业能够为应聘人员提供怎样的福利待遇,比如工资、补贴、奖金、带薪休假以及培训、晋升等相关制度和工作环境等。

三、全面衡量招聘需求的可实现性

企业在分析招聘需求的时候,除了明确企业的招聘要求以及企业能够为应聘人员带来的福利待遇外,还要考虑到其他事项,比如招聘成本、培训成本、人才市场供给情况、招聘的紧迫程度等。

小组案例讨论

讨论问题:模拟提交招聘需求时与人力资源管理部门的对话。

对话记录:

小组成员:

小组成员分工:

讨论用时:

本次讨论体会和心得:

9.3 招聘计划

 **课程任务**

为云城公司撰写研发工程师、销售专员两个岗位的招聘计划书。

 案例背景

根据研发部门、市场营销部门的用人申请,云城公司人力资源管理部门结合企业发展、部门实际情况,决定招聘研发工程师 2 名,销售专员 1 名。

 **小组案例讨论**

讨论问题:开会商讨何为招聘计划书。

小组成员:
小组成员分工:

讨论用时:

 相关知识

招聘计划,指的是在业务部门提出招聘需求之后,人力资源管理部门根据企业的发展方向以及业务部门实际情况、岗位的现实需求,确定招聘时间、职位名称、招聘人数以及任职资格等相关内容,并确定具体招聘方案的整个过程。

招聘计划书的内容包括招聘目标、招聘原则、招聘需求、招聘渠道选择、招聘成本等。

①招聘目标：招聘目标是指根据企业的发展需要和业务部门的用人需求，通过此次招聘希望达到的理想效果。

②招聘原则：通过员工招聘选择符合企业、部门、岗位需要的合适候选人，需要考虑的原则主要有公平竞争原则、人岗匹配原则、经济适度原则。

③招聘需求：是招聘需求分析的结果，主要包括招聘部门、招聘岗位、计划招聘人数、岗位职责、岗位要求、薪资待遇、增补人数、增补原因以及到岗日期等。

④招聘渠道选择：我们需要考虑的原则有三个，分别是实现目标原则、控制成本原则和可操作性原则。具体内容请同学们回顾 9.1 招聘渠道的相关内容。

⑤招聘成本：员工招聘的成本一般包括招聘渠道成本（请同学们回顾 9.1 招聘渠道的相关内容）和招聘面试成本（包括面试安排的场地费用、招待费用、差旅费用以及面试人员的人工成本等）。

小组案例讨论

讨论问题：撰写研发工程师、销售专员两个岗位的招聘计划书（如图 9-3 所示）。

小组成员：

小组成员分工：

讨论用时：

云城公司 2021 年度招聘计划书

1. 招聘目标：

2. 招聘原则：

3. 招聘需求：

序号	部门	岗位名称	计划人数	岗位职责	岗位要求	薪资待遇	增补人数	增补原因	到岗日期
1									
2									

4. 招聘渠道选择：

5. 招聘成本：

序号	岗位名称	招聘渠道选择成本	招聘面试成本	其他费用
1				
2				
合计				

图 9-3 云城公司 2021 年度招聘计划书

小组案例讨论

讨论问题：商讨招聘计划书还应补充什么内容。

小组成员：

小组成员分工：

讨论用时：

9.4 招聘管理

课程任务

对云城公司招聘信息进行归纳整理。

案例背景

2018 年以来，向云城公司投递简历的应聘人员信息如表 9-3 和表 9-4 所示。

表 9-3　应聘人员信息（1）

信息来源	应聘岗位	投递日期	姓名	性别	手机	学历	期望薪酬	身份证号
现场招聘	人事专员	2018年3月1日	江××	女	1325219××××	本科	3 000~5 000元	4228021990××××××××
网上招聘	研发工程师	2018年12月3日	谢×	男	1506899××××	硕士	3 000~6 000元	4330011992××××××××
猎头招聘	研发工程师	2018年5月1日	季××	男	1836756××××	硕士	4 000~6 500元	4330231994××××××××
网上招聘	人事专员	2018年7月18日	周×	男	1825856××××	大专	3 500~4 000元	4330231989××××××××
网上招聘	研发工程师	2018年9月9日	王××	男	1319897××××	大专	4 000~6 000元	4128281971××××××××
网上招聘	研发工程师	2018年12月13日	卫×	男	1377889××××	高中	3 000~5 000元	5138211976××××××××
现场招聘	销售人员	2018年5月16日	黄×	女	1875852××××	本科	3 000~4 500元	4330231981××××××××

表 9-4　应聘人员信息（2）

姓名	职称	所学专业	婚姻状况	政治面貌	家庭地址
江××	无	会计	已婚	群众	湖北省××市××镇××村
谢×	无	电气自动化	已婚	群众	湖南省××县××乡×××村×××组
季××	副研究员	机电一体化	未婚	党员	湖南省××县×××乡×××村×组
周×	无	人力资源	已婚	群众	湖南省××县×××××乡×××村×组
王××	无	电气自动化	已婚	群众	河南省××县××乡×××村
卫×	无	机电一体化	已婚	群众	四川省××市××区××镇××村
黄×	无	市场营销	已婚	党员	湖南省××县×××××乡×××村

小组案例讨论

讨论问题：请将以上应聘人员信息进行归纳整理，并说明归纳的依据，小组讨论选出最优方案，以及归纳过程中遇到的困难。

小组成员：

小组成员分工：

讨论用时：

本次讨论体会和心得：

 **相关知识**

招聘管理，是指将招聘过程中所有的应聘人员信息以及招聘过程中的全部资料、人员后续录用信息进行整理归纳的全部过程。高效的招聘管理不仅能够将所有的招聘信息进行留存，方便本次招聘活动的复盘，也有助于人力资源管理的其他工作对于招聘过程信息的查询需求。由此招聘管理应该符合以下几个原则：方便查找、全面录入、及时更新。随着科技的进步，现在越来越多的企业采用专业系统进行招聘信息的数字化管理。

9.5　人才库管理

 **课程任务**

为云城公司确定此次招聘最终进入人才库的人选。

 案例背景

云城公司此次招聘研发工程师2名，最终招聘工作因故推迟。该岗位工作职责以及任职资格要求如表9-1所示。本次招聘过程中，向云城公司投递简历应聘研发工程师的候选人信息如表9-5和表9-6所示。

表 9-5　应聘研发工程师的候选人信息（1）

信息来源	应聘岗位	投资日期	姓名	性别	手机	学历	期望薪酬	身份证号
网上招聘	研发工程师	2018年12月3日	谢×	男	1506899××××	硕士	3 000~6 000元	4330011992××××××××
猎头招聘	研发工程师	2018年5月1日	季××	男	1836756××××	硕士	4 000~6 500元	4330231994××××××××
网上招聘	研发工程师	2018年9月9日	王××	男	1319897××××	大专	4 000~6 000元	4128281971××××××××
网上招聘	研发工程师	2018年12月13日	卫×	男	1377889××××	高中	3 000~5 000元	5138211976××××××××

表 9-6　应聘研发工程师的候选人信息（2）

姓名	职称	所学专业	婚姻状况	政治面貌	家庭地址
谢×	无	电气自动化	已婚	群众	湖南省××县××乡×××村×××组
季××	副研究员	机电一体化	未婚	党员	湖南省××县×××乡×××村×组
王××	无	电气自动化	已婚	群众	河南省××县××乡×××村
卫×	无	机电一体化	已婚	群众	四川省××市××区××镇××村

小组案例讨论

讨论问题：如果你是云城公司人力资源管理部门的招聘专员，你会将哪个（些）候选人纳入人才库。请讨论后做出决定并说明理由。

小组成员：

小组成员分工：

讨论用时：

> 💬 **相关知识**

企业在招聘过程中，依据企业发展方向以及部门岗位的需求，会秉持优中选优的原则，在众多应聘者中选择心仪的候选人予以录用。那么应该如何对待落选的候选人呢？候选人此次没有应聘成功并不一定是因为候选人能力不足，可能有其他客观原因，如人员编制限制等。因此对于优秀的候选人，企业应该将其纳入自己的人才库，以便后续在相关岗位发生用人需求时能够快速启用人才库的后备人选，一方面免去不必要的招聘成本，另一方面也能够在一定程度上保证候选人的质量。招聘人员要与优秀的落选候选人保持联系，了解其就业动态、发展需求等，同时也要对人才库进行实时维护和更新，确保人才库中人员信息的准确。

10　培训管理

管理是一种严肃的爱，培训是最好的福利！

——余世维

培训管理是企业人力资源管理非常重要的工作内容之一，如今企业之间的竞争已经不仅仅是资本或者技术竞争，更多的是人力资源的竞争。越来越多的企业重视提升员工能力和素养，因为企业的发展和员工的能力息息相关。因此，做好员工培训管理是企业持久发展的关键。通过本实训，学生应掌握在企业 E-HR 智能管理系统中实现培训管理流程（如图 10-1 所示）。

本章内容包括培训资源管理、培训需求、培训计划、培训活动、培训评估、员工培训档案、统计分析。

图 10-1　培训管理

10.1 培训资源管理

课程任务

云城公司将要对新入职员工进行培训,请整合相关培训资源。

案例背景

云城公司 2018 年 6—7 月新入职员工信息如表 6-1 所示。

小组案例讨论

讨论问题:如果你是云城公司人力资源管理部门的培训负责人,你需要对新入职员工进行培训,请你梳理现有的相关培训资源。

小组成员:

小组成员分工:

讨论用时:

相关知识

培训资源管理,指的是企业在培训过程中所需的全部资料以及培训过程的记录性文件的管理。

培训资源可以划分为企业内部培训资源以及外部培训资源;从资源的种类来看,包括培训讲师、课程资源库、软硬件设施设备、培训情况记录等。

①培训讲师:企业内部培训讲师,可以是企业的领导、人力资源管理部门员

工培训负责人、绩效表现优秀的任职者等；外部培训讲师，可以是高校教师、人力资源管理咨询机构的培训讲师等。内、外部培训讲师各有优缺点：内部培训讲师对企业情况以及接受培训的员工较为熟悉，培训会更加具有针对性；外部培训讲师一般都具有丰富的培训经验，能够为企业培训带来更多实例，把控培训现场的能力更强，培训开展起来相对来说会更为顺利。企业应该根据培训内容、培训需求确定培训讲师。例如，培训内容涉及公司发展战略以及发展方向类的，适合邀请公司领导进行培训；公司管理制度的培训可以由人力资源管理部门员工开展；对于工作技能性的培训，可以请绩效表现优秀的员工担任培训讲师；如果是系统性、专业性较强的培训，或者公司内部培训讲师无法胜任的培训，就需要邀请外部培训讲师来。因此，企业培训负责人在日常的工作中应该注重发掘合适的内、外部培训讲师，了解各位讲师的培训专长、授课特点等。

②课程资源库：课程资源库的内容有很多，能够用于培训课程的资源都可以纳入课程资源库中，包括培训的理论、案例以及相关的视频资料等。随着科学技术的进步和不断发达，企业将以往的培训过程进行录制整理形成课程资料，或者在外部培训机构购买培训课程，为某个培训主题形成体系化的线上培训课程，从而实现员工在工作之余时间的碎片化学习，提高培训效率。

③软硬件设施设备：企业培训的软件包括培训系统、考评系统等，比如"E-learning 在线培训系统"，就是融合了在线学习、培训管理、交流互动、视频直播等多功能的"一站式"培训平台。培训的硬件设施包括培训用的场地、白板、投影等硬件设备。现在很多公司拥有企业大学，有配套的软硬件设施设备。

④培训情况记录：应将培训全过程的内容进行记录，包括培训前的准备情况、培训实施过程以及培训后的效果评估等。培训情况记录也是培训资源的重要部分，不仅可以对本次培训情况进行复盘，比较培训计划和培训实施是否存在偏差，也能保证下次的培训更有效。

10.2　培训需求

 课程任务

云城公司拟对销售员进行培训，请完成培训需求调查、分析。

案例背景

随着云城公司产业结构调整，员工队伍的知识结构和整体素质暴露出一些短板和问题，而这也制约了公司的发展速度。根据公司经营战略，人力资源部将通过培训逐步调整员工知识结构，提高员工敬业意识，形成良好的职业道德，提高公司管理水平和员工综合素质。

年初，人力资源部的刘经理在与营销部主管聊天中了解到，下属员工向客户推荐产品时频频出现产品介绍出错的情况，同时，维系新老客户关系的方法千篇一律，缺乏创新，客户维持不长久。

 **小组案例讨论**

讨论问题：如果你是云城公司人力资源管理部门的培训负责人，你将采用怎样的方式了解销售员这一岗位的培训需求？

小组成员：

小组成员分工：

讨论用时：

本次讨论体会和心得：

 **相关知识**

一、培训需求的定义

培训需求指的是某项工作所需要的人员能力素质与实际任职者拥有的能力素质之间的差距。

二、培训需求分析时机

当企业或者员工出现如下情况的时候,人力资源管理部门就应该意识到,该进行培训需求分析了:

①员工表现异常:员工绩效表现出现问题、工作情绪波动甚至有离职倾向。

②企业产生变革:企业变革也是进行培训需求分析的信号,一个企业的组织管理形式发生变化,引入了新的工作流程或者技术,岗位工作职责、组织结构发生变化,这些都有可能预示着企业需要进行员工培训。

三、培训需求分析的来源

企业需要通过以下三个层面的分析来确定培训需求:

1. 组织层面的分析

企业培训需求需要考虑企业层面的内容,比如,企业发展战略以及人力资源总体规划在很大程度上决定着任职者所需的知识、技能以及能力。组织层面的分析,除了考虑企业内部总体情况,还应该考虑企业所属的外部环境,比如政策环境、产品市场环境、劳动力市场环境以及竞争对手策略等。另外,我们可以从企业管理指标数据中获取培训需求,比如某个部门频繁的人事变动以及高缺勤率、低绩效表现等。

2. 部门/岗位层面的分析

员工直接支持所在部门的工作,因此,完成部门的工作业绩所需要的技能和知识都需要落实在个人层面。例如,某公司销售部门将在今年完成线上销售100万元的销售目标,那么该公司的销售员应该掌握线上销售的技巧,如果销售员工在此之前仅从事过店面销售的话,就需要对销售员工是否需要进行线上销售技巧和能力的培训进行需求分析了。

3. 个人层面的分析

个人层面的培训需求,除了要考虑个人绩效表现反映出的培训需求之外,还应该重点关注个人的培训意愿。在分析个人培训意愿的时候,我们应该重点关注两点:第一,员工培训需求是否是岗位所需的;第二,培训需求是否和企业发展目标相一致。例如,某销售员提出需要沟通技巧和语言表达方面的培训,由于沟通技巧和语言表达是销售员的必备技能,因此这一培训需求是合理的;如果企业已经将销售渠道由线下转为线上,那么员工要求进行店面销售技巧的培训需求与就企业发展战略不一致,因此对于这样的培训需求企业可以不予考虑。

10.3 培训计划

课程任务

为云城公司今年的团建活动制订计划。

案例背景

云城公司总经理提出,企业凝聚力不能很好地展现,而目前企业的团建活动还没有得到落实,他希望在新的一年可以增加一些户外扩展的培训活动,花 1~2 天的时间团建,增强团队凝聚力,同时也可以适当将员工从办公室的枯燥工作中解放出来,让员工能够敞开身心融入云城公司这个大家庭……

小组案例讨论

讨论问题:如果你是云城公司人力资源管理部门的培训负责人,请你为这次团建活动制订方案。

小组成员:

小组成员分工:

讨论用时:

本次讨论体会和心得:

 **相关知识**

一、培训计划的定义

培训计划是以实现培训目标为出发点，对培训实施过程进行总体性的规划和安排，一般包括培训对象、培训时间、计划人数、培训地点、培训方式、培训内容以及计划费用等。

二、培训计划的种类

以时间跨度为划分依据，可将培训计划分为长期培训计划、中期培训计划以及短期培训计划，这三类培训计划是不断细化的关系。

①长期培训计划：计划的时间跨度为 3 年至 5 年或者更长时间。由于时间跨度太大，存在极大的不确定性，因此长期培训计划一般不涉及培训的具体内容，而仅明确企业培训的总体方向、培训目标以及培训活动如何与企业发展战略相衔接。

②中期培训计划：计划的时间跨度为 1 年至 3 年。中期培训计划是长期培训计划的细化，并在长期培训计划与短期培训计划之间起到重要的桥梁作用。中期培训计划并非可有可无，它是短期培训计划与长期培训计划的密切连接，有效防止由于时间跨度较大，短期培训计划与长期培训计划产生脱节的现象。

③短期培训计划：计划的时间跨度为 1 年以内。相较于长期培训计划以及中期培训计划，短期培训计划更加注重培训内容的可操作性以及培训效果评估等，也包括培训资源配置、培训活动的具体安排等具体事项。一般来说，企业更多的培训计划是短期培训计划。

三、培训计划的注意事项

①培训计划是培训活动的指南。企业培训需求分析、明确培训目标之后，培训活动正式实施之前，有一个重要的环节——制订培训计划，确定培训对象、培训时间和人数、培训地点、培训方式等相关内容的安排，既能够确保实现培训目标，也能确保培训活动中关键性内容不被遗漏。

②落实培训活动的各项负责人。培训活动是需要企业多方通力合作的项目，为了确保培训活动的顺利完成，将培训活动过程中各项目负责人全部落实，是培训计划的一个重要内容。

③设定培训活动应急处理预案。培训活动实施过程中有可能出现突发事件或意外情况，为了尽力确保培训活动的顺利完成，我们在培训计划中应预想一些突发事件或意外情况，并给出相应的处理预案，以备不时之需。

④控制培训成本。由于企业培训人员较多或者培训周期较长，企业开展培训会花费不菲的费用，因此在培训开展之前，需要预估好开展培训所需的费用，确保所需资金提前审核到位，以免耽误培训进度，并且可以让企业负责人对培训所需的费用有基本了解。

10.4 培训活动

课程任务

为云城公司人力资源管理部门员工组织一次培训。

案例背景

云城公司人力资源部的领导认为本部门员工缺乏解决劳动纠纷的经验，希望有专业人士通过讲解一些实例来提供指导。培训的安排如表 10-1 所示。

表 10-1 云城公司培训安排

需求部门	培训课程	培训对象	计划费用	培训讲师	培训方式	培训课时	培训地点
人力资源部	劳动关系与劳资纠纷实例	人力资源部	1 000 元	外聘讲师	实例讲解	2 小时	会议室

小组案例讨论

讨论问题：请组织这次劳动关系与劳资纠纷实例培训。

小组成员：

小组成员分工：

讨论用时：

 **相关知识**

在组织企业培训活动中，企业 HR 应该做些什么呢？
一、发放培训通知

培训通知是将培训相关内容告知被培训者的通知。培训通知一般分为两次，在培训前两周要进行培训的预告知，通知内容一般包括培训的课程名称、培训时间、培训地点、培训讲师等，根据培训通知发放的渠道和版面情况，也可以对培训课程以及培训讲师做简单的介绍，以获得参训人员的重视与关注；在培训开始前3~5日，再次进行培训通知，这次告知内容包括培训活动的具体安排，比如培训的具体时间、地点以及参训人员需要准备的材料等。

二、布置培训场地，调试设备

根据培训课程需要，将培训场地进行安排布置。比如，拓展型的培训活动需要开阔的场地，因此要将培训场地进行清空打扫，避免在活动中造成人员受伤；讨论型的培训方式需要将桌椅安排成圆桌会议形式等。除此以外，还要对培训所需的器材进行调试检查确保正常使用，比如投影、音响、话筒、电脑、插座板、白板笔等，如果条件允许的话，建议将培训的课件等资料进行现场演示。提前设置签到处，如果参训者对于培训地点不熟悉的话，也应该设置必要的指引路标。

三、主持、支援培训活动

对于不同的培训课程内容，即便企业培训负责人不是本次培训教师，在每次培训活动中，主持人的角色也一定是由企业培训负责人担任的。企业培训负责人需要主持正常培训活动，维持现场秩序，给予培训讲师足够的协助。另外，在培训现场出现突发情况时，企业培训负责人要第一时间进行应援。

10.5　培训评估

课程任务

为云城公司产品技术部门的培训进行培训效果评估。

案例背景

6月21日，云城公司人力资源部通过外聘讲师来给产品技术部门的所有员工介绍设备管理的相关知识，上午进行理论介绍，下午在车间实地学习，大家都学得很不错，魏××、尹××、苏××、朱××和陈×获得了10分满分，企业人员评定皆为7分。

小组案例讨论

讨论问题：如果你是云城公司培训负责人，请回答以下问题：

①为什么要对培训记分？这个分数是怎样测评出来的？这样记分有无问题？

小组成员：

小组成员分工：

讨论用时：

②如果请你重新评价此次培训，你会采取怎样的方式？

小组成员：

小组成员分工：

讨论用时：

本次讨论体会和心得：

 **相关知识**

一、培训评估

培训评估贯穿培训的整个过程。培训评估包括培训前评估、培训中评估以及培训后评估。培训前评估是指在实施培训之前对参训人员的技能进行了解评测，以此为基础制定培训内容、培训难度、培训方式和培训目标，保证培训效果；培训中评估是指在培训过程中对培训讲师以及参训人员的整体状态进行评估，直观了解培训的有效性；培训后评估指的是培训效果评估，是培训评估中最为重要的部分。培训效果评估是在培训结束后全面考评参训人员接受此次培训的主观感受以及工作效能的改变等，目标是了解此次培训的目标达成情况，为后续培训的实施提供借鉴意义。

二、培训效果评估

培训效果评估包括反应评估、学习评估、行为评估、结果评估。

①反应评估：评估学员对培训课程的满意程度以及感受、看法。通常情况下是在培训当场或者培训结束时向参训人员发放调查问卷来进行反应层面评估数据收集，也可以采用抽样访谈的形式来进行。反应评估的内容包括培训项目的组织安排、场地选择、讲师授课、课程内容以及培训效果等。

②学习评估：考察的是参训人员对所培训内容的理解、吸收、掌握情况，评估时间可以在培训结束后 1~2 周。根据培训内容不同，可以采取两种评估方式，一是答题测验，二是实操测验。答题测验针对的是专业知识类的培训，对参训人员进行培训内容的考试。答题测验不但能够考察学员对于专业知识的理解掌握程度，还能够再次帮助参训人员温习培训重点。比如，在对人力资源管理人员进行《中华人民共和国劳动法》培训之后，向参训人员发放围绕《中华人民共和国劳动法》培训内容的试卷，通过答题可以了解到参训人员是否已经正确理解和掌握

《中华人民共和国劳动法》。实操测验是指让参训人员在设定的特定情境处理实际问题,以此考察参训人员对培训内容的吸收情况。比如,在销售人员接受沟通技巧的培训后,创设模拟情景,请参训销售员接待因为发货不及时而到店面讨要说法的顾客。

③行为评估:反映的是参训人员能否将自己培训所学运用到工作中,优化工作流程、改善工作行为等。行为层面的测评可以在培训结束后三个月进行。行为评估的方式较多,包括观察法(直观参训人员工作状态是否因培训而改变)、面谈法(对参训人员以及参训人员的上下级、工作伙伴等进行面谈)、问卷调查(适用于受访对象较多时)。

④结果评估:通过组织层面的统计数据反映培训效果。员工培训的最终目标是实现企业管理的优化或者效能的提升等,因此结果评估是反映培训效果的最终项目。一般可以从离职率、事故率、员工满意度、生产成本费用、产品的报废率、工作效能、产量等方面进行结果评估。

10.6　员工培训档案

课程任务

为云城公司员工培训整理档案。

案例背景

云城公司今年为市场营销部门进行了两次培训,培训的基本情况如表10-2所示。

表10-2　云城公司市场营销部培训情况汇总

需求部门	培训课程	培训对象	计划费用	培训讲师	培训方式	培训课时	培训地点
市场营销部	产品专业知识	市场营销部	400元	生产管理部和研发部的优秀员工	知识讲解,车间观摩	3小时	会议室、车间

续表

需求部门	培训课程	培训对象	计划费用	培训讲师	培训方式	培训课时	培训地点
市场营销部	客户开发与销售业绩提升	市场营销部	500元	市场营销部领导和优秀员工	心得分享讨论	3小时	市场营销部办公室

 **小组案例讨论**

讨论问题：请为这两次培训进行档案整理（与培训相关的哪些材料是培训档案，应该如何整理）。

小组成员：

小组成员分工：

讨论用时：

本次讨论体会和心得：

 相关知识

一、培训档案管理的目标

对培训档案进行管理，是为了培训复盘，总结培训的成功经验以及需要改进的内容，包括对此次培训中所有的材料进行整理留存，尤其是培训的课件资料以及培训资源的管理。

二、培训档案收录的范围

1. 培训前

①培训需求的收集以及调查文件。

②培训计划的制订。

③培训资源的选择。

④培训通知。

2. 培训中

①培训签到。

②培训材料。

③培训课件等资源。

④培训现场录像。

3. 培训后

①培训总结。

②培训效果评估。

三、培训档案留存的形式

为了完整留存以及查找方便，建议将培训档案进行数字化管理，以便资料的统一保存、长久保存。

10.7　统计分析

课程任务

对云城公司的企业培训进行数据统计分析。

案例背景

云城公司管理层很早就意识到了培训能够提高经营管理者能力水平和员工技能，为企业提供新的工作思路、知识、信息、技能，增长员工才干。除了对新入职员工开展入职培训以外，云城公司安排每年两次集中培训，人力资源部在每年1月和7月整合统计上期培训结果和费用等信息，并通过需求访谈、问卷调查等方式了解现阶段职工的培训需求，制订未来半年的培训计划。

小组案例讨论

讨论问题：如果对云城公司的企业培训进行数据统计分析，你需要哪些统计指标？

小组成员：

小组成员分工：

讨论用时：

本次讨论体会和心得：

相关知识

企业培训的终点是什么？是培训效果评估吗？不是。准确地说，企业培训是个闭环。前一次培训要为下一次的培训提供经验借鉴。另外，考虑到汇报培训活动时需要材料支撑，因此在培训效果评估之后、下次培训需求调查之前，我们需要对本次培训活动进行统计分析。其实，也可以以培训年度为单位，进行培训活动的统计分析。培训活动的统计分析包括以下内容。

一、培训的基本情况

①培训目标。

②培训对象。

③培训时间。

④培训地点。

⑤培训内容和方法。

二、培训情况的统计

培训情况的统计分析建议以定性分析和定量分析相结合的方式来完成。

1. 定性分析

①培训进度计划的实现情况：培训计划与培训实际情况进行比对，着重关注未按照培训计划进行的内容，查找原因。

②培训讲师的选择：培训讲师选择的原因、渠道，以及对培训讲师的综合评价、培训讲师的擅长授课方向、内容以及联系方式。

③培训活动现场反馈：对培训现场进行分析，这部分可以加入具有代表性的培训现场照片，对培训现场情况进行真实全面的反馈。

2. 定量分析

①培训完成率：在制订培训计划时，一定要对本培训周期内需要完成的培训项目和场次有明确的计划，因而在培训活动数据统计中，首先应关注培训完成率这个指标。只有按照培训计划按期完成培训，才能保证充分实现培训目标。而如果在统计分析中发现本培训周期的培训完成率出现问题，那我们就需要审慎地做出决定和思考：未完成的培训项目是否来年继续完成？今年没有完成培训任务的原因是什么？我们应该如何改进或避免？

②参加培训的比率：指的是实际参加的人数与计划参加的人数的比率，这是评价培训完成度的一个重要指标。这个指标或高或低都意味着培训活动组织存在问题。如果参加培训的比率过高，也就是实际参加的人数超过计划培训人数，说明培训需求调查存在偏差，没有全面掌握有培训需求的员工数量，这种情况很有可能打压员工参与培训的积极性。如果这个指标过低，也就是实际参加培训的人数比计划人数要少，原因之一可能是在培训需求调查阶段培训宣传不到位，没有引起参训人员足够的重视和注意；原因之二可能是培训组织环节出现问题，比如培训时间、培训形式以及培训讲师的选择等。我们需要重视参加培训的比率这个指标，及时找出问题发生的原因并进行纠正。

③培训计划成本和实际费用：培训成本的核算是企业培训非常重要的考察内容，培训成本计划和实际支出的对比情况反映培训组织人员对培训费用的掌握情况，从侧面反映培训实施是否能够按照计划完成。另外，按照计划支出培训费用，能够为下次培训经费申请奠定良好的基础，如果培训预算费用与实际花费相差较大的话，很有可能影响下年度培训预算的申领。

三、培训效果评估

培训效果评估是针对此次培训的全面性评估，主要发生在培训结束后一段时间。这部分内容参见 10.5。

四、培训活动的不足和改进、经验借鉴

通过对本次培训进行复盘，深入分析培训实施过程中存在的问题，查找原因，提出改进措施，提炼和归纳成功经验，为后续培训提供借鉴。

11 绩效管理

我们宣布讲究实绩、注重实效，却往往奖励了那些专会做表面文章、投机取巧的人。

——米契尔·拉伯福

通过本实训，学生应掌握在企业 E-HR 智能管理系统中实现员工绩效的全流程管理（如图 11-1 所示）。

本章内容包括考核指标、考核类型、考核方法、绩效标准、员工考核、绩效工资。

图 11-1　绩效管理

11.1 考核指标

课程任务

为云城公司的绩效考核确定绩效考核指标。

案例背景

近年来,随着企业开发规模的日益扩大、组织结构日益复杂、员工数量逐年增多,云城公司领导层逐渐认识到绩效管理在整个企业管理中的重要意义。除了每月安排的绩效考核,云城公司从 2015 年开始增加了每季度对员工工作情况的阶段性绩效考核。季度考核在每年的 3 月、6 月、9 月、12 月的 25 日开始进行。

小组案例讨论

讨论问题:企业如何确定各部门员工绩效考核指标?

小组成员:

小组成员分工:

讨论用时:

相关知识

一、绩效考核指标的选择依据

绩效考核指标的选择依据是绩效考核的目的、被评价者承担的具体工作内容和绩效标准。同时，基于绩效评价的可操作性，选择绩效考核指标还要考虑获取绩效信息是否便利，这样才能够科学、准确地评价绩效指标。所以，选择绩效考核指标要综合考虑绩效考核的目的、被评价者承担的具体工作内容、绩效标准以及获取绩效信息的便利度。

二、提取绩效考核指标的方法

提取绩效考核指标有两个渠道：一是部门和员工的工作任务，二是企业的战略目标。提取绩效考核指标的具体方法主要有六种：工作分析法、经验总结法、业务流程分析法、专题访谈法、个案研究法以及问卷调查法。

①使用工作分析法来提取绩效考核指标，首先要分析该职位的任职者应该具备什么能力，承担什么工作职责；其次，针对任职者的工作职责和能力要求来明确用哪些绩效考核指标进行衡量以及不同能力和工作职责对于该职位的重要程度，从而确定该职位的绩效考核指标。

②经验总结法一般分成个人总结法与集体总结法两种类型，强调很多专家共同研讨和总结经验，提炼规律的研究方法。其中，个人总结法是指人力资源管理专家或者在人力资源部门工作的人员来回顾自己的工作，分析成功或者不成功的人力资源管理决策，在总结经验的基础上得出员工绩效评价指标库；集体总结法是指一些人力资源管理专家或者组织相关部门的主管（6~10人）共同回顾过去的工作业绩，列示评价某类工作人员的惯用指标，提出新的绩效考核指标。

③业务流程分析法主要分析被考核者在业务流程中担任的角色、职责和上下级之间的关系，由此明确绩效考核指标。在这个过程中，如果发现业务流程有问题，应该及时优化流程或者进行企业流程再造。

④专题访谈法采取的是面对面谈话，通过口头沟通来获取该职位工作的特点、对从事该职位的员工的基本要求和检验工作绩效的指标信息。

⑤个案研究法包括典型事件研究和资料研究。典型事件研究将典型人物的工作情景、工作表现和工作业绩作为直接对象，系统观察和研究分析典型人物所代表的群体的绩效评价指标。资料研究将代表典型人物或者事件的文字资料作为研究对象，对比分析和总结归纳这些资料，提炼出绩效评价指标。

⑥问卷调查法是指研究者根据需要设计调查的内容形成调查表，注明填表要求，发放给调查对象来填写，以便收集和分析不同人员意见的研究方法。按照问卷答案的形式，问卷分为封闭式问卷和开放式问卷两大类。比如，通过访谈法，

研究者对某项职务人员设计了 40 个绩效考核指标,而要从这 40 个绩效考核指标里挑选出关键绩效指标,就可以采用问卷的形式进行调查。

11.2　考核类型

课程任务

为云城公司确定绩效考核的类型。

案例背景

除了每月安排的绩效考核,云城公司从 2015 年开始增加了每季度对员工工作情况的阶段性绩效考核。

小组案例讨论

讨论问题:企业绩效考核的类型有哪些?

小组成员:

小组成员分工:

讨论用时:

相关知识

企业绩效考核类型有以下三种分类方法。

一、按时间划分

①定期考核。企业考核的时间可以是一个月、一个季度、半年、一年。考核

时间要根据企业文化和岗位特点进行选择。

②不定期考核。不定期考核有两方面的含义，一方面是指组织中对人员的提升所进行的考评；另一方面是指主管对下属的日常行为表现进行记录，发现问题及时解决，同时也为定期考核提供依据。

二、按考核的内容分

①特征导向型。考核的重点是员工的个人特质，如诚实度、合作性、沟通能力等，即考量员工是一个怎样的人。

②行为导向型。考核的重点是员工的工作方式和工作行为，如服务员的微笑和态度、待人接物的方法等，即对工作过程的考量。

③结果导向型。考核的重点是工作内容和工作质量，如产品的产量和质量、劳动效率等，侧重点是员工完成的工作任务和生产的产品。

三、按主观和客观划分

①客观考核。客观考核是对可以直接量化的指标体系所进行的考核，如生产指标和个人工作指标。

②主观考核。主观考核是由考核者根据一定的标准设计的考核指标体系对被考核者进行主观评价，如工作行为和工作结果。

11.3 考核方法

课程任务

选择恰当的绩效考核方法考核员工近段时间以来的工作。

案例背景

云城公司采用平衡计分卡的绩效考核方法，从财务层面、客户层面、内部流程管理层面、学习和成长层面等四个层面考量员工的工作情况，评价员工近段时间以来的成绩。

 **小组案例讨论**

讨论问题：企业考核管理工具有哪些？

小组成员：

小组成员分工：

讨论用时：

 **相关知识**

20世纪50年代及此后的几十年中，研究学者们先后提出了目标管理、标杆超越法、关键绩效指标（KPI）、平衡计分卡（BSC）等绩效管理工具。

一、目标管理

传统的目标制定流程是自上而下，管理者制定目标，下属执行，其指导思想以X理论为基础，制定目标和实现目标讲求效率优先。而目标管理以Y理论为基础，认为人是"社会人"，在工作中有参与和自我控制的需要。在目标制定和实施过程中，以目标为导向、以人为中心，企业员工积极参与，自下而上地确定目标成果，然后用这些目标成果管理、评价员工绩效，自下而上地保证组织目标的实现。目标管理的概念是由彼得·德鲁克在其专著《管理的实践》中提出的，他认为目标管理区别于传统管理，传统管理强调上级支配式控制，目标管理最大的优点是强调员工的参与和自我控制，员工个人工作目标和企业战略目标两者的实现并不冲突，两者可以同时实现。

目标管理的操作流程可以分为设置目标、管理目标、总结评估三个步骤。在整个目标管理实施过程中，员工还需要填制目标管理表格，明确员工的具体工作目标和行动计划；在绩效管理周期完成后，要填写绩效完成结果，并进行总结和评价。

二、标杆超越法

标杆超越法又称为标杆管理，该方法起源于20世纪70年代末至80年代初，当时的日本企业凭借其卓越的产品质量管理获得飞速发展，美国企业由此掀起了一股学习日本企业的热潮。目前标杆超越法是最受欢迎的管理工具之一，首创标杠超越法的美国施乐公司将该工具定义为"一个将产品、服务和实践与最强大的竞争对手或者行业领导者相比较的持续流程"。在理解这一定义时，重点需要对"标杆"进行理解：标杆指的是学习和对标的企业在产品、服务、管理、运营等诸多方面的最佳实践或最佳标准，学习和对标的标杆可以是全社会的企业，并不局限于同一行业或同一产业的企业。调查显示，包括福特、IBM、宝洁等在内的500强企业中有70%以上的企业将标杆超越法作为一项常规商业管理工具。

标杆超越法的操作流程可分为发现"瓶颈"、选择"标杆"、收集数据、比较分析确定绩效标准、沟通交流、采取行动等6个步骤。

标杆超越法的主要目标是有针对性地采取改革行动，以达到或超越标杆。在每一轮改革完成之后，企业必须进行绩效指标的评价，以检验实行标杆超越法的成效。

三、关键绩效指标（KPI）

关键绩效指标通常被简称为 KPI（key performance indicator）。作为一种有效的绩效管理工具，其目的是建立一种将企业战略转化为企业行动的机制，以此来增强企业的竞争优势。KPI 将企业战略分解为可操作、可量化的企业行动性指标体系，整个指标体系不仅明确了各个部门的责任分工，也明确了各个员工的业绩衡量标准。关键绩效指标的理论基础是"二八原理"，即帕累托最优原理。该原理指出，企业中每个部门和每位员工80%的工作业绩由其20%的关键行为达成。该原理应用在绩效管理中的具体体现是，绩效考核评价重点要放在关键过程、关键行为和关键成果等领域和内容上，评价要围绕关键绩效指标进行。

关键绩效指标体系建立的基本思路是将企业战略目标分解为关键成功领域，再将关键成功领域层层分解为关键绩效要素，再将关键绩效要素分解为定量或定性的考核指标，以此确定企业、各部门和各职位的关键绩效指标体系。通常来说，设计一个完整的基于关键绩效指标体系的绩效管理系统包含六个步骤：确定企业关键成功领域、确定关键绩效要素、确定关键绩效指标、确定部门级绩效指标并设置权重、确定评价标准、确定个人关键绩效指标。

四、平衡计分卡（BSC）

20世纪90年代，哈佛商学院罗伯特·卡普兰教授和复兴全球战略集团总裁戴维·诺顿提出了平衡计分卡（the balanced score card，BSC）。作为一种新型的、高效的绩效管理工具，平衡计分卡从组织战略出发设计绩效指标评价体系，整个指标体系包含财务指标和非财务指标。总体而言，平衡计分卡最大的特点是将组织愿景、使命、战略与绩效联系起来，从财务、客户、内部运营、学习与成长四个方面相互补充"平衡"来对组织绩效做出综合性评价。目前，平衡计分卡已广泛应用于企业、公共部门等各类组织中，相对于其他绩效管理工具，其优点体现在不仅关注组织财务绩效结果等"硬件因素"，也关注管理、文化等"软件因素"。

通常来说，平衡计分卡的操作步骤包括：确定企业战略目标；从财务层面、客户层面、内部流程管理层面、学习与成长层面建立企业的平衡计分卡；生成战略地图；将企业级平衡计分卡分解为绩效指标；为绩效指标设置权重、目标值和评分标准。

11.4 绩效标准

课程任务

为云城公司确定绩效标准。

案例背景

云城公司绩效考核采取10分制，将考核结果分为优秀、良好、合格、不合格四个等级，考核结果获得8分以上的为优秀，6分至8分为良好，5分至6分为合格，5分以下不合格。评价标准可根据实际情况有所改变，获得合格以上的员工可获得500元的绩效工资，获得优秀和良好评价的员工还可额外获得300元和100元的绩效工资。针对获得不合格评价的员工，通过绩效反馈面谈了解员工的工作困难，为员工制订合理的改进计划。

 小组案例讨论

讨论问题：企业绩效考核标准如何确定？

小组成员：

小组成员分工：

讨论用时：

 相关知识

一、绩效标准

绩效标准实际上是针对特定的岗位工作而言的，是要求员工在工作中应达到的各种基本要求。工作岗位对员工的要求就是绩效标准，而且绩效标准是客观的，和在工作岗位上工作的人员无关。在达成一致的绩效计划里，部门主管和员工应该以同样的答案回答下列关于绩效标准的问题：

①员工在本绩效期内的工作职责是什么？

②员工在本绩效期内具体的绩效标准是什么？

③员工绩效标准中的关键绩效指标是什么？

④员工绩效标准中关键绩效指标各自的权重是多少？哪些是最重要的，哪些是次要的？

二、确定绩效标准的方法

确定绩效标准的方法很多，早在 20 世纪初期，学者们就开始对工作方法进行研究，人们通过程序分析、操作分析和动作分析确定各个岗位的工作标准。现代人力资源管理中的工作分析将岗位的工作内容分解为较小的任务，使我们能够更容易地对工作进行评价和管理。根据岗位的工作说明书来制定绩效标准，成为较常用和简便的一种方法。

三、绩效标准设计时应注意的问题

1. 绩效标准的压力要适度

值得注意的是,绩效标准的制定要体现为大多数人只要努力就可以达成,因为绩效标准的可行性有助于员工更好地发挥潜能。如果绩效标准定得太高,可望而不可即的话,就很容易让员工沮丧甚至会自暴自弃。但是,绩效标准定得太低也不利于员工积极进取。很多实践显示,在适当的压力下员工能够获得更好的业绩。所以,绩效标准的水平应该适度,源于绩效标准的压力要有助于提高劳动生产率。

2. 绩效标准要有一定的稳定性

作为考核员工工作业绩的权威尺度,绩效标准应该具有一定的稳定性。所以,在一般情况下,绩效标准只要制定出来,基本的框架最好不要轻易修改。但是,当工作环境和工作形式发生较大变化的时候,就需要及时修订绩效标准,但是要把握一个原则,即使修订也仅仅是局部的、对某些条款的变动,而不需要做大幅度的变动。举例来说,对于新成立的公司而言,因为经验不足,绩效标准不太完善,免不了经常性修订绩效标准,对于该公司来说,构建绩效标准的有效方式就是多参照国内外先进绩效标准,学习同行业其他公司的经验。

3. 制定的绩效标准应符合 SMART 原则[①]

SMART 原则是制定绩效标准和绩效目标的常用原则。在制定绩效标准的过程中,管理者要关注和思考绩效标准是否违背了这些原则,如何修订才能吻合 SMART 原则。

以上只是对绩效指标与绩效标准的总体概述,在实际应用中不可生搬硬套。实际上,规模较大的企业一般都有自己独立的绩效管理体系和方法。当前比较流行的绩效管理方法包括目标管理法、平衡计分卡法、关键绩效指标法和标杆超越法等。每一种绩效管理思想对绩效指标与绩效标准的设计都有独特的要求,实践中,我们应该将这些绩效指标与绩效标准的设计理论和方法与企业的绩效管理系统结合起来。

[①] SMRT 原则来源于彼得·德鲁克的《管理的实践》,其内容包括:具体的(specific)、可衡量的(measurable)、可实现的(attainable)、相关的(relevant)、有时限的(time-bound)。

11.5　员工考核

课程任务

选择恰当的绩效评价方法，评价员工近段时间以来的成绩。

案例背景

除了每月安排的绩效考核，云城公司从 2015 年开始增加了每季度对员工的工作情况进行阶段性绩效考核。季度考核在每年的 3 月、6 月、9 月、12 月的 25 日开始。

小组案例讨论

讨论问题：绩效评价的方法有哪些？如何应用？

小组成员：

小组成员分工：

讨论用时：

相关知识

一、目标评价法

目标评价法（objective setting），也称为目标考核法，是按照一定的目标或评价标准来衡量员工完成既定目标的情况，根据衡量结果给予相应的激励与约束。目标评价法通常与激发员工工作动机有关，是一种激励技巧。目标评价法是目标管理原理和哲学在绩效评价中的具体运用。这种方法要求管理者根据组织目标确定各部门及个人的工作目标，然后将员工的绩效同这个预先设定的工作目标相比较，得出员工绩效等级，例如超过目标要求、达到、有距离、差距很大等。例如，假设为某位经理设定了将利润率提高15%的目标。在财政年度结束时，这一目标为绩效评价提供了一个标准。如果该经理实际将利润率提高了15%或更多，则可以得到积极的绩效评估结果，并且获得相应的奖励。但是，如果利润率仅增长了5%，并且经理直接对结果负责，则可能会得到负面的评估结果，并且受到惩罚。

二、配对比较法

配对比较法（paired comparison）是根据特定的绩效指标逐对比较员工，以更好地评价员工绩效，并且决定最终绩效排名的评价方法。该方法的最小单元为一对员工之间的绩效比较，在此基础上将组织或者部门的所有员工进行两两配对比较。

三、图尺度量表法

图尺度量表法（graphic rating scale）通常使用带有图示的量表，管理者根据员工的行为表现，在这些量表上为员工确定绩效等级。图尺度量表是一种图形格式的评级表格，它可以提供比检查表更形象的信息。图尺度量表法一般需要列出需要评价的特征、行为或者指标，并且给出评价尺度，例如优秀、良好、满意、尚可、不满意等。管理者通过回顾某个被评价对象的表现，结合自身对每个特征、行为或者指标的理解，对每个员工的绩效做出最终评价。

四、混合标准量表法

混合标准量表法（mixed standard scales）是图尺度量表法的创新。它包含代表良好、平均和不良绩效等级的描述，这些描述是从主管那里获得的行为示例。评价者的任务是判断员工是否适合该描述、是否优于该描述或比描述更差。

在混合标准量表法中，每个绩效维度都有三个与它相关的描述：一个是说明良好的绩效，一个是平均绩效，另外一个是比较差的绩效。混合标准量表法中的描述随机混合。评价者需要对有效或无效的绩效进行判断，这样可以降低评价者误差。

五、行为锚定量表法

行为锚定量表法是在传统的行为评价法基础之上发展起来的。该方法以员工的行为为衡量的基础，可以评价有效的或无效的行为，可以用于管理者对员工的绩效辅导。行为锚定量表法的假设是员工的绩效目标是由员工的行为所决定的。为了对员工行为进行精确的刻画和评价,行为锚定量表法以员工工作中的关键事件来锚定员工绩效等级。因此,行为锚定量表法是图尺度量表法与关键事件法的结合。

六、关键事件法

关键事件法(critical incidents)是由美国学者福莱诺格(Flanagan)和伯拉斯(Baras)共同创立的,它需要列出员工在工作中对工作产出至关重要的关键事件,并且确定优先级,然后根据检查表进行评级,以确定员工绩效优劣。关键事件通常是对部门整体绩效产生重大积极或消极影响的行为事件。评价者需要观察、记录有效行为和无效行为。

11.6 绩效工资

课程任务

核算云城公司各部门的绩效工资。

案例背景

云城公司的季度考核在每年的3月、6月、9月、12月的25日开始,至下月5日汇总统计考核情况,并根据绩效考核结果发放绩效工资。

小组案例讨论

讨论问题:绩效工资如何核算?

小组成员:
小组成员分工:

讨论用时：

相关知识

绩效工资是以对员工绩效的有效考核为基础，实现将工资与考核结果相挂钩的工资制度，它的理论基础就是"以绩取酬"。企业利用绩效工资对员工进行调控，以刺激员工的行为，通过对绩优者和绩劣者收入的调节，鼓励员工追求符合企业要求的行为，激发每个员工的积极性，努力实现企业目标。

绩效工资的增长一般取决于通过员工绩效评价等级决定的绩效评价系数和职位等级决定的计算基数（一般体现为基本工资）。

12　薪酬管理

社会的目的在于尽可能地给它的每个成员以必要的福利，保证每个成员能够满足自己真正的需要，而每个成员对社会应尽的义务则是为大众福利贡献自己的全部能力，以报答自己所获得的福利。

——让·雅克·皮佑

通过本实训，学生应掌握在企业 E-HR 智能管理系统中对企事业单位的不同薪资体系进行设置（如图 12-1 所示），包括：薪资类别、薪资项目、薪资标准表的设置；各种计算方式的设置；整个薪资计算、发放流程；工资分摊、账表的查询等薪资工作的全流程。

薪酬管理的内容包括计件管理与计件录入、工资标准与工资录入、薪资调整。

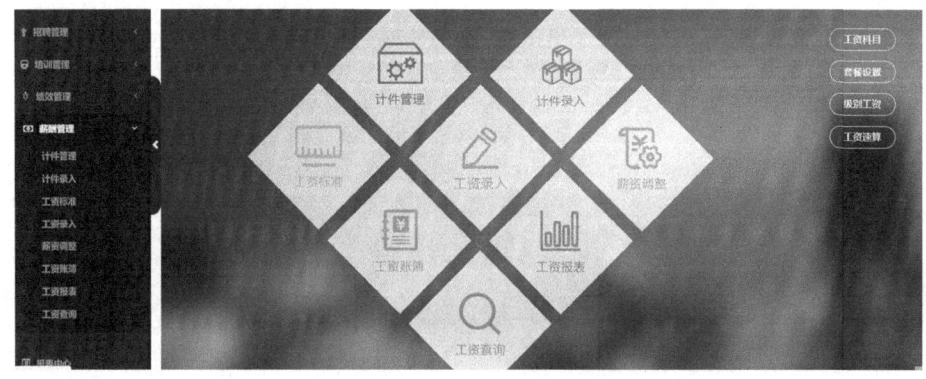

图 12-1　薪酬管理

12.1 计件管理与计件录入

课程任务

确定云城公司计件管理的产品类型、计件价格以及录入各部门员工生产的数量。

案例背景

压片机的制作工序主要包括冲压、抛光、组装和检测。云城公司生产主管魏××根据每个人的工作能力合理安排工作,尽管在生产过程中出现了一些次品、废品(如表12-1所示),但也成功地在规定的交付期内完成了订单要求,每位生产专员按工作量得到了一定的薪资奖励。

表12-1 云城公司压片机生产部门员工生产信息

日期	人员	班次	工序	数量(个)	单价(元)	废品数(个)	废品单价(元)
2018-07-02	苏××	夏令时	冲压	20	3.4		
2018-07-02	陈×	夏令时	冲压	22	3.4	1	2
2018-07-02	朱××	夏令时	冲压	24	3.4	3	2
2018-07-02	唐××	夏令时	抛光	25	2.3		
2018-07-03	苏××	夏令时	抛光	24	2.3		
2018-07-03	朱××	夏令时	抛光	25	2.3		
2018-07-03	陈×	夏令时	抛光	26	2.3		
2018-07-03	唐××	夏令时	冲压	19	3.4		
2018-07-04	苏××	夏令时	冲压	25	3.4		
2018-07-04	朱××	夏令时	冲压	21	3.4	1	2
2018-07-04	陈×	夏令时	冲压	24	3.4		
2018-07-04	唐××	夏令时	抛光	34	2.3		
2018-07-05	苏××	夏令时	抛光	27	2.3		
2018-07-05	朱××	夏令时	冲压	25	3.4	2	2

续表

日期	人员	班次	工序	数量（个）	单价（元）	废品数（个）	废品单价（元）
2018-07-05	陈×	夏令时	冲压	22	3.4		
2018-07-05	唐××	夏令时	抛光	39	2.3		
2018-07-06	苏××	夏令时	组装	59	2.5		
2018-07-06	朱××	夏令时	组装	40	2.5		
2018-07-06	陈×	夏令时	检测	28	1.7		
2018-07-06	唐××	夏令时	组装	41	2.5		
2018-07-06	魏××	夏令时	检测	35	2.5		
2018-07-09	苏××	夏令时	组装	60	2.5		
2018-07-09	朱××	夏令时	检测	40	1.7		
2018-07-09	陈×	夏令时	检测	32	1.7		
2018-07-09	唐××	夏令时	检测	25	1.7		
2018-07-09	魏××	夏令时	检测	40	1.7		

小组案例讨论

讨论问题：企业如何开展计件管理？

小组成员：

小组成员分工：

讨论用时：

相关知识

计件工资是指根据员工完成合格产品的数量，按计件单价支付的劳动报酬。与计时工资相比，计件工资的特点就在于它与计时工资、计量劳动的方式不同。

正如马克思所说:"在实行计时工资的情况下,劳动由劳动的直接的持续时间来计量;在实行计件工资的情况下,则由在一定时间内劳动所凝结成的产品数量来计量。……因此,计件工资只是计时工资的转化形式。"

同计时工资制相比,计件工资制不仅能够反映不同等级的工人之间的劳动差别,而且能够反映同等级工人之间的劳动差别。即同等级的工人,由于所生产合格产品的数量、质量不同,所得到的工资收入也不同。计件工资制具有以下优点:提高了薪酬的公平性,提高劳动生产率。

12.2　工资标准与工资录入

课程任务

为云城公司制定岗位员工的级别工资,并录入每个员工的工资。

案例背景

云城公司的职工薪资主要由基本工资、绩效工资和各项奖金福利构成。

基本工资根据员工的岗位等级发放,一般员工的薪资等级为二至五级,主管的岗位等级为六至八级,经理的岗位等级为九至十一级,总经理的岗位是十二级(如表12-2所示)。

表12-2　各岗位等级的基本工资　　　　　　　　　　单位:元

岗位等级	基本工资	岗位等级	基本工资
十二级	10 000	六级	5 000
十一级	8 000	五级	4 500
十级	7 000	四级	4 000
九级	6 500	三级	3 500
八级	6 000	二级	3 000
七级	5 500	一级(试用期)	2 500

小组案例讨论

讨论问题：企业薪酬结构包括哪些项目？如何设计企业薪酬等级？

小组成员：

小组成员分工：

讨论用时：

相关知识

薪资标准是指按单位时间规定的各薪资等级的薪资数额。它反映了某一薪资等级的员工一定时间的薪资水平的高低。在人力资源管理中制定公平合理的岗位薪资标准是人事管理的基础和核心内容。岗位工资的薪资标准指根据管理层次、专业技术程度、劳动强度、工作责任、地区薪资水平等综合因素，针对不同的岗位确定的相应的薪资标准。

常见的薪资种类有基本薪资、津贴、奖金、加班费等。

一、基本薪资

各职务体系对应的岗位基本薪资，由岗位职务等级工资、学历薪资、技能薪资、工龄工资、特聘薪资组成。岗位职务等级工资是指每一岗位均根据岗位所处级别及岗位固有特点给予的固定薪资，同一级别的基本薪资因岗位的工作性质不同及工作复杂程度不同，有高、中、低三个等级。

二、津贴

津贴是补偿职工在特殊条件下的劳动消耗及生活费额外支出的工资补充形式，主要有地区津贴、野外作业津贴、夜班津贴、流动施工津贴、冬季取暖津贴、电话津贴、食品补贴、职务津贴等。

三、奖金

奖金是对劳动者提供的超额劳动所支付的报酬，常见的形式有全勤奖金、绩效奖金、效益奖金等。一般分为综合奖和单项奖两种形式。综合奖是根据劳动者各个方面的贡献，全面、综合评定的奖金；单项奖则是根据劳动者某一方面的优良成绩评定的奖金。

四、加班费

加班费是劳动者按照用人单位生产和工作的需要在规定工作时间之外继续生产劳动或者工作所获得的劳动报酬。按照《中华人民共和国劳动法》第 44 条的规定，支付加班费的具体标准是：在标准工作日内安排劳动者延长工作时间的，支付不低于工资的百分之一百五十的工资报酬；休息日安排劳动者工作又不能安排补休的，支付不低于工资的百分之二百的工资报酬；法定休假日安排劳动者工作的，支付不低于工资的百分之三百的工资报酬。

12.3 薪资调整

课程任务

为工作成绩突出、工作表现优秀的员工调整工资待遇。

案例背景

每年 1 月和 7 月是云城公司薪酬调整的周期，对半年来工作成绩突出、工作表现优秀的员工提升岗位等级和基本工资。当出现其他特殊情况需要调整岗位等级时，由管理层讨论决定。

小组案例讨论

讨论问题：在公司发展初期如何为公司制定薪酬体系？随着企业发展战略以及人力资源战略的变化，如何调整公司薪酬体系？

小组成员:

小组成员分工:

讨论用时:

 **相关知识**

薪资调整是指公司薪资体系运行一段时间后,随着企业发展战略及人力资源战略的变化,现行的薪资体系不适应企业发展的需要时,对企业薪资管理做出系统的诊断,确定最新的薪资策略,同时对薪资体系做出调整的措施。薪资调整是保持薪资动态平衡、实现组织薪资目标的重要手段,也是薪资管理的日常工作。薪资调整的依据一般为职位变动、个人业绩、个人能力等。调整方式包括薪资整体调整、薪资部分调整及薪资个人调整三个方面。

13　报表中心

报表中心的内容包括人事报表、合同报表、薪酬报表、社保报表、绩效报表、考勤报表、培训报表、招聘报表（见表13-1至表13-8）。

表13-1　人事报表

部门	编制	本月期初人数	本月人员异动			本月期末人数	缺编	超编	离职率	流动率	现有人员服务年资					
			新入职	调出	调入	离职						3个月以下	6个月以下	1年以下	2年以下	3年以下	3年以上

表13-2　合同报表

签订类型	人员	合同期限类型	合同编号	合同期限	合同开始日期	合同结束日期	合同签订日期	合同状态	备注

表 13-3　薪酬报表

序号	员工编号	部门	员工姓名	基本工资	工龄工资	岗位工资	绩效工资	加班工资	考勤工资	学历津贴	其他补助	应发工资	社保个人缴纳	个人所得税	实发工资	备注
合计																

表 13-4　社保报表

序号	工号	姓名	部门	养老保险		医疗保险		失业保险		工伤保险	生育保险	住房公积金
				公司承担	个人承担	公司承担	个人承担	公司承担	个人承担			

表 13-5　绩效报表

序号	考核对象	部门	岗位	考核周期	考核方法	考核总分	考核评价

表 13-6　考勤报表

编号	月份	部门	出勤天数/天	迟到次数/次	迟到累计/小时	早退次数/次	早退累计/小时	缺勤次数/次	缺勤累计/小时	加班次数/次	加班累计/小时	请假次数/次	请假累计/小时	出差/天	排班/天	调休/天	出勤奖/元	扣款/元

表 13-7 培训报表

培训编号	部门	培训内容	培训计划	计划人数	实施人数	计划费用	实施费用	培训效果

表 13-8 招聘报表

计划名称	部门名称	岗位名称	计划人数	应聘人数	录取人数	消息来源

附　录

云城机械有限公司案例

一、公司简介

云城机械有限公司（以下简称"云城公司"）成立于 2013 年，现坐落于东海之滨、R 市高新技术产业园区内，公司建有标准生产厂房及优雅、环保、绿化型的办公、生活、住宅楼，总面积为 21 066 平方米。由沿海高速公路、动车高铁、104 国道线、飞机场及开发区内六车道公路组成的便捷的交通网络，为公司发展提供了良好的外部环境。公司紧临东海，空气优良，气候宜人。

云城公司是一家集制药机械、包装机械、食品机械及化妆品机械的研发、生产、销售及相关服务于一体的科技型企业。

云城公司在总经理办公室下设有市场营销部、管理部、人力资源部、产品技术部四大部门。

截至 2018 年初，云城公司有总经理 1 名，各部门经理各 1 名，下属基层管理人员 3 名，员工 19 名（如附表 1 所示）。

附表 1　云城公司部门设置及人员配备

	总经理办公室	市场营销部	管理部	人力资源部	产品技术部
总经理	1				
经理		1	1	1	1
主管/班组长		1			2
员工	1	5	3	2	8

二、公司规章

1. 公司考勤

云城公司工作时间分为冬夏两季,实行不同的工作作息。

①夏令时:6—9月,上午8:00—12:00,下午3:00—6:00。

②冬令时:10月—次年5月,上午8:00—12:00,下午2:30—5:30。

公司实行双休,工作日员工每天须按时到岗,上下班均需使用考勤机打卡。迟到、早退超过10分钟即扣发薪金20元作为处罚,超过30分钟以上未请假则视作旷工。

因事因病请假需提交申请,请假半日以上不计发全勤奖。

2. 加班管理

(1) 允许加班情况

①在正常工作时间完不成任务又必须在规定的时间内完成的。

②临时布置的紧急任务。

③必须于班后或休息日完成的任务。

(2) 加班申请流程

员工加班须向上级主管提出申请,上级主管同意后填写加班申请表,报部门经理审批签字后,报人事部备案。未经批准,自行加班的不享受加班待遇。

(3) 加班待遇

因工作需要,员工需在工作日加班的,从公司规定的下班时间之后开始计算实际加班时间。加班时间超过一小时才能申报,支付不低于小时工资的百分之一百五十的工资报酬。

休息日安排劳动者工作又不能安排补休的,支付不低于日或者小时数工资的百分之二百的工资报酬;休息日工作,用人单位可以安排调休。安排补调休的,不计算加班时间。

法定休假日安排劳动者工作的,支付不低于日或者小时数工资的百分之三百的工资报酬。

3. 出差管理

①公司员工出差,应填写出差审批单,并按以下权限审批:部门负责人出差,报请公司领导和董事长审批。其他人员出差,报请部门领导审批。

②员工出差时限由派遣领导予以核定。几人协同出差的,由主办业务部门或人员填写。因公务紧急,未能履行出差审批手续的,出差前可以通信方式请示,

出差后补办手续。

③除公司高层经营管理人员外，其他员工出差前应到公司人力资源部或相应管理部门办理备案手续，返回后及时报到。

④出差费用包括交通费、食宿费、公杂费，出差应公支付的费用，准予按时报销。另外，出差人员给予一天100元的额外补贴。

4. 薪酬管理

云城公司的职工薪资主要由基本工资、绩效工资和各项奖金福利构成。

（1）基本工资

基本工资根据员工的岗位等级发放，一般员工的薪资等级为二至五级，主管的岗位等级为六至八级，经理的岗位等级为九至十一级，总经理的岗位是十二级（如附表2所示）。

附表2　各岗位等级的基本工资　　　　　　　单位：元

岗位等级	基本工资	岗位等级	基本工资
十二级	10 000	六级	5 000
十一级	8 000	五级	4 500
十级	7 000	四级	4 000
九级	6 500	三级	3 500
八级	6 000	二级	3 000
七级	5 500	一级（试用期）	2 500

（2）绩效工资

绩效工资根据定期的绩效考核结果发放。

（3）各项奖金和福利

①工龄工资：员工自入职之日起工作满1年后将有50元/年的工龄工资，并逐年增加。

②全勤奖：每月全勤打卡的员工将有200元的全勤奖。

③"五险一金"：员工入职后，公司即为员工缴纳五险，转正后缴纳住房公积金。

2018年度公司的社保缴费基数是4 125元，2019年度公司的社保缴费基数为4 388元，预计往后每年，社保缴费基数都会有5%~8%的增幅。附表3显示了"五险一金"单位和个人的缴费比例。

附表3 "五险一金"单位和个人的缴费比例　　　　　　单位：%

	养老保险	医疗保险	失业保险	工伤保险	生育保险	住房公积金
单位缴费比例	20	8	1.5	0.8	0.8	10
个人缴费比例	8	2	1	无需缴纳	无需缴纳	10

④职务补贴：主管及以上的管理人员每月可有职务补贴，经理600元，主管400元。

⑤午餐补贴：15元/工作日。

⑥住房补贴：员工200元/月，管理人员500元/月。

⑦年休假：累计工作满1年、不满10年的，年休假5天；累计工作已满10年、不满20年的，年休假10天；累计工作已满20年的，年休假15天。

⑧其他福利：包括员工生日礼金、节日贺礼、贺仪、奠仪、定期员工体检等。

（4）薪资调整

每年1月和7月是公司薪酬调整的周期，对半年来工作成绩突出、工作表现优秀的员工提升岗位等级和基本工资。当出现其他特殊情况需要调整岗位等级时，由管理层讨论决定。

5. 绩效考核

近年来，随着企业开发规模的日益扩大、组织结构日益复杂、员工数量逐年增多，云城公司领导层逐渐认识到绩效管理在整个企业管理中的重要意义。除了每月安排的绩效考核，云城公司从2015年开始增加了每季度对员工的工作情况进行阶段性绩效考核。季度考核在每年的3月、6月、9月、12月的每月25日开始，至下月5日汇总统计考核情况，并根据绩效考核结果发放绩效工资。

公司采用平衡计分卡的绩效考核方法，从财务层面、客户层面、内部流程管理层面、学习和成长层面四个层面考量员工的工作情况，评价员工近段时间以来的成绩。同时，公司绩效考核采取10分制，将考核结果分为优秀、良好、合格、不合格四个等级，考核结果获得8分以上的为优秀，6分至8分为良好，5分至6分为合格，5分以下为不合格。评价标准可根据实际情况有所改变，获得合格以上的员工可获得500元的绩效工资，获得优秀和良好评价的员工还可额外获得300元和100元的绩效工资。针对获得不合格评价的员工，通过绩效反馈面谈了解员工的工作困难，为员工制订合理的改进计划。

6. 企业培训

云城公司管理层很早就意识到了培训能够提高经营管理者能力水平和员工技

能，为企业提供新的工作思路、知识、信息、技能，增长员工才干。除了对新入职员工开展入职培训以外，云城公司安排每年两次的集中培训，人力资源部在每年1月和7月整合统计上期培训结果和费用等信息，并通过需求访谈、问卷调查等方式了解现阶段职工的培训需求，制订未来半年的培训计划。

对于需要重点培养的优秀人才，公司还会安排他们外出去参加更加专业的培训课程。

7. 人才招聘和甄选

公司招聘坚持公开招聘、先内后外、平等竞争、人岗匹配的原则。

公司要求各部门根据本年度工作发展状况和公司下一年度的整体业务计划，拟定年度人力资源需求计划，于每年年底报人力资源部。

人力资源部根据公司年度发展计划、编制情况及人力资源需求计划，制定年度招聘计划及费用预算，报公司总经理办公室审批。

各部门如有额外的人员需求，提前一个月申报人员需求，填写人员增补需求表，人力资源部进行工作分析和招聘难度分析，制订具体行动的招聘计划。

人力资源部根据职位和等级的不同选择有效的招聘渠道组合，主要通过人才招聘市场、网上招聘网站、猎头招聘、内部员工推荐等方式招聘所需的人才。

云城公司招聘与甄选流程如附图1所示。

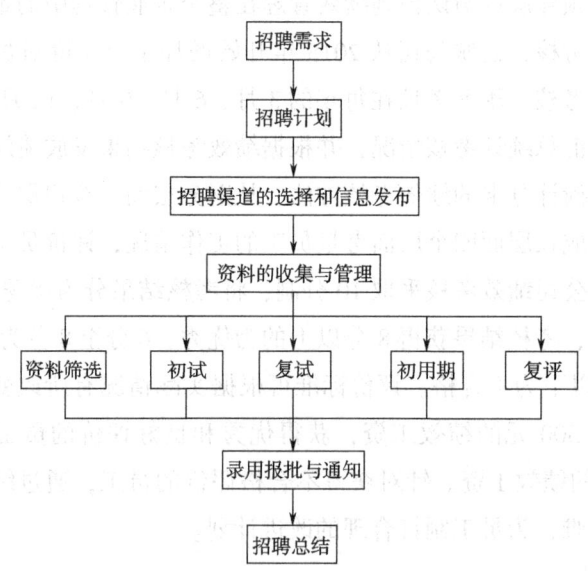

附图1 云城公司招聘与甄选流程

三、公司人力资源现状

1. 人员变动

2018年6—8月,云城公司陆续有5名员工由于个人原因向公司提出离职申请(如附表4所示)。

附表4　离职人员信息

员工工号	姓名	部门	岗位	离职时间	离职原因
0209	李××	市场营销部	销售专员	2018年7月10日	个人原因
0312	王××	产品技术部	研发专员	2018年6月17日	个人原因
0308	许××	产品技术部	生产专员	2018年6月4日	合同到期不愿续签
0402	刘××	人力资源部	人力资源部经理	2018年7月22日	个人原因
0503	刘××	管理部	采购专员	2018年8月1日	个人原因

人力资源部刘经理的离职造成了人力资源部经理岗位空缺,公司员工通过内部推荐的方式,举荐人事专员曾××升任人力资源部经理的职位。曾××在云城公司工作已经有5年了,工作能力有目共睹,和同事关系也较好。公司高层经过讨论,一致决定从8月1日起,由曾××担任人力资源经理的职位,他的岗位等级也上升至七级。

2018年6—7月,云城公司新入职员工信息如附表5所示。

附表5　新入职员工信息

员工姓名	乔××	性别	女
卡号	0210	籍贯	贵州省贵阳市
身份证号	5225221982××××××××	毕业院校	江苏联合职业技术学院
毕业时间	2002年	专业	市场营销
文化程度	大专	手机	1527544××××
联系地址	贵州省××县××镇××村×组	政治面貌	群众
部门	市场营销部	岗位	销售专员
入职时间	2018年6月5日	合同年限	2年
试用期	一个月	试用期工资	2 500元
基本工资	3 500元	婚姻状况	已婚

续表

员工姓名	赵××	性别	男
卡号	0211	籍贯	贵州省贵阳市
身份证号	5225221997×××××××	毕业院校	河北工业大学城市学院
毕业时间	2018 年	专业	物流管理
文化程度	本科	手机	1521599××××
联系地址	贵州省××县××镇××村×××组	政治面貌	群众
部门	市场营销部	岗位	销售专员
入职时间	2018 年 6 月 5 日	合同年限	2 年
试用期	一个月	试用期工资	2 500 元
基本工资	3 500 元	婚姻状况	已婚
员工姓名	许×	性别	男
卡号	0405	籍贯	湖南省怀化市
身份证号	4330011991×××××××	毕业院校	天津商业大学
毕业时间	2014 年	专业	人力资源管理
文化程度	本科	手机	1527544××××
联系地址	湖南省××县××乡×××村	政治面貌	群众
部门	人力资源部	岗位	人力资源专员
入职时间	2018 年 6 月 5 日	合同年限	5 年
试用期	两个月	试用期工资	2 500 元
基本工资	3 500 元	婚姻状况	未婚
员工姓名	吴××	性别	男
卡号	0313	籍贯	贵州省贵阳市
身份证号	5225221987×××××××	毕业院校	盐城工学院
毕业时间	2007 年	专业	土木工程
文化程度	本科	手机	1526847××××
联系地址	贵州省××县××镇××村××组	政治面貌	群众
部门	产品技术部	岗位	研发专员
入职时间	2018 年 7 月 10 日	合同年限	2 年
试用期	一个月	试用期工资	2 500 元
基本工资	4 000 元	婚姻状况	已婚

云城公司自成立以来，引进了较多的人才（如附表6所示）。2015年入职的市场营销部经理许×曾经在著名的孟氏集团工作过7年，从2007年6月到2014年1月，许×从一名普通的销售人员一步步晋升为客户经理，后来因为家庭原因离职，辗转多个公司，最后在云城公司落地生根。因许×的工作内容会涉及公司的一些商业机密，在入职几个月后，公司便与许×签订保密协议。

附表6 公司引进的部分人才

姓名	部门	岗位	职称
马×	总经理办公室	总经理	高级工程师
李×	产品技术部	产品技术部经理	高级工程师
魏××	产品技术部	生产部主管	工程师
尹××	产品技术部	技术部主管	工程师
许××	产品技术部	研发专员	助理工程师
许×	产品技术部	研发专员	助理工程师
于××	管理部	财务专员	会计师

2. 考勤情况记录

2018年7月，公司全勤率达85%，没有出现无故旷工的情况。市场营销部员工有部分安排出差，有4人请假或调休，具体信息如下：

7月1日至3日，胡×、莫××前往G省拜访客户，由于1日是周日，按公司制度可视为加班，能安排调休。

7月12日星期四，李××请假一天，照顾发烧的幼子。

7月18日星期二，庄××因发烧请病假两天。

7月27日星期五，莫××调休一天，参加亲戚家的婚礼。

3. 绩效考核结果

6月底，云城公司本年度第二季度结束，各部门的绩效考核结果陆续统计出来，其中市场营销部第二季度的工作情况汇报如下：

第一，本季度产品销售总额为47.2万元人民币，超过本季度销售目标45万元，比上季度增长14%，但是本季度相关成本花费也有提升，毛利率仅为48.6%，较上季度有所下降。市场营销部的每个员工在本季度都很认真地完成了自己的目标，莫××超额完成了自己的销售目标，表现突出；而申××也同样表现较好，相比上季度来说，有了明显的进步；乔××和赵××是新入职的员工，还处于熟悉业务阶段，暂时没有销售额。

第二，本季度加强了销售人员对客户的回访力度，很多客户都反馈公司服务态度好，客户投诉率为上季度的79%，胡主管在6月份更有整月零问题反馈的好成绩。莫××、申××、周××的客户投诉情况也有明显减少，而刘××在客户维护方面一向游刃有余，本季度也毫不逊色于他人。

第三，由于市场营销部人员多次安排出差，本季度只安排了两次集体的培训，一次主要是客户沟通技巧和大家平时与客户沟通的经验分享，胡×、刘××因拜访客户而没有参加；另一次是企业产品知识学习，全员都参加了。但是整体来说，市场营销部的培训力度不够，还需加强内部员工的凝聚力。

人力资源部门将在7月初整理考核结果，并反馈给各个部门的领导。

4. 企业培训

随着云城公司产业结构调整，员工队伍的知识结构和整体素质暴露出一些短板和问题，而这也制约了公司的发展速度。根据公司经营战略，人力资源部将通过培训逐步调整员工知识结构，提高员工敬业意识，形成良好的职业道德，提高公司管理水平和员工综合素质。

年初，人力资源部的刘经理安排了与各个部门的中高层管理人员的培训需求访谈，了解他们对下半年度培训安排的想法，并整理了他们的访谈资料。从访谈中了解到，营销部下属员工向客户推荐产品时频频出现产品介绍出错的情况，同时，维系新老客户关系的方法千篇一律，缺乏创新，客户维持不长久。人力资源部的领导认为本部门员工缺乏解决劳动纠纷的经验，希望有专业人士通过讲解一些实例来提供指导。产品技术部经理则觉得往年对自己部门的产品安全管理和质量管理方面的培训已初见成效，今年还是要更加重视这些方面的培训。在与总经理的访谈中，他提到了企业员工对企业文化了解不足，企业凝聚力不能很好地展现，而目前企业的团建活动还没有得到落实，希望在新的一年可以增加一些户外扩展的培训活动，花1~2天的时间团建，增强团队凝聚力，同时也可以适当将员工从办公室的枯燥工作中解放出来，让员工能够敞开身心融入云城公司这个大家庭……

了解到以上这些培训需求后，人力资源部门也很快制定了相应的培训方案（如附表7所示）。

附表 7　云城公司培训安排

需求部门	培训课程	培训对象	计划费用	培训讲师	培训方式	培训课时	培训地点
市场营销部	产品专业知识	市场营销部	400 元	生产管理部和研发部的优秀员工	知识讲解、车间观摩	3 小时	会议室、车间
市场营销部	客户开发与销售业绩提升	市场营销部	500 元	市场营销部领导和优秀员工	心得分享讨论	3 小时	市场营销部办公室
产品技术部	5S 与安全生产基本知识宣讲	产品技术部	860 元	外聘讲师	实例讲解	3 小时	会议室、车间
产品技术部	设备管理理论介绍和实操	产品技术部	700 元	外聘讲师	实例讲解	6 小时	会议室、车间
人力资源部	劳动关系与劳资纠纷实例	人力资源部	1 000 元	外聘讲师	实例讲解	2 小时	会议室
总经理办公室	企业文化	全体员工	500 元	企业高层领导	PPT 讲解	2 小时	会议室
总经理办公室	团队户外拓展	全体员工	5 000 元	拓展基地教练	团队游戏	1 天	户外拓展基地

此外，为了提高财务部门的专业技能，云城公司拟安排管理部刘经理和财务专员小于在 4 月 10 日去 B 省财经大学参加为期半月的专业技能培训，了解财会方面最新的政策时事，学习全盘账核算审核的实操。云城公司为两位员工支付培训费用共计 7 480 元，希望刘经理和小于在培训回来之后能够切实地提高财务处理能力。云城公司与刘经理和小于签订了服务期 2 年的培训协议，若他们在服务期内离职，则需赔偿企业服务期尚未履行部分所应分摊的培训费用。

6 月 14 日，云城公司按计划安排了客户开发与销售业绩提升的课程，营销部许经理主讲并分享了自己的优秀案例，除胡×、刘××在外出差，市场营销部全员都参加了，而且都觉得获益匪浅，许经理对本次培训的效果也比较满意。

6 月 21 日，云城公司人力资源部通过外聘讲师来给产品技术部门的所有员工介绍设备管理的相关知识，上午进行理论介绍，下午在车间实地学习，大家都学得很不错，魏××、尹××、苏××、朱××和陈×获得了 10 分满分，企业人员评定皆为7分。

7月,公司共进行了两场培训,其中1场为入职新员工培训,主要向近期新入职员工普及企业文化与愿景,向新员工传授公司的各项规章制度。还有1场是产品技术部门生产与安全讲座。

5. 计件管理

在2018年6月底,公司接到来自R市爱心制药厂的一份订单,要求在7月上旬交付200台高速压片机,已缴纳30%的货款作为定金(如附图2所示)。

订　单

订单编号:YCA201806250030　　订单日期:2018年6月27日
客户名称:R市爱心制药厂　　　联系人:李经理155×××××××

产品名称	型号	数量(台)	单价(元)	金额(元)
高速压片机	PG型	200	928	185 600

附图2　订单

压片机的制作工序主要包括冲压、抛光、组装和检测。云城公司生产主管魏××根据每个人的工作能力合理安排工作,尽管在生产过程中出现了一些次品、废品(如附表8所示),但也成功地在规定的交付期内完成了订单要求,每位生产专员按工作量得到了一定的薪资奖励。

附表8　云城公司压片机生产部门员工生产信息

日期	人员	班次	工序	数量(个)	单价(元)	废品数(个)	废品单价(元)
2018-07-02	苏××	夏令时	冲压	20	3.4		
2018-07-02	陈×	夏令时	冲压	22	3.4	1	2
2018-07-02	朱××	夏令时	冲压	24	3.4	3	2
2018-07-02	唐××	夏令时	抛光	25	2.3		
2018-07-03	苏××	夏令时	抛光	24	2.3		
2018-07-03	朱××	夏令时	抛光	25	2.3		
2018-07-03	陈×	夏令时	抛光	26	2.3		
2018-07-03	唐××	夏令时	冲压	19	3.4		

续表

日期	人员	班次	工序	数量（个）	单价（元）	废品数（个）	废品单价（元）
2018-07-04	苏××	夏令时	冲压	25	3.4		
2018-07-04	朱××	夏令时	冲压	21	3.4	1	2
2018-07-04	陈×	夏令时	冲压	24	3.4		
2018-07-04	唐××	夏令时	抛光	34	2.3		
2018-07-05	苏××	夏令时	抛光	27	2.3		
2018-07-05	朱××	夏令时	冲压	25	3.4	2	2
2018-07-05	陈×	夏令时	冲压	22	3.4		
2018-07-05	唐××	夏令时	抛光	39	2.3		
2018-07-06	苏××	夏令时	组装	59	2.5		
2018-07-06	朱××	夏令时	组装	40	2.5		
2018-07-06	陈×	夏令时	检测	28	1.7		
2018-07-06	唐××	夏令时	组装	41	2.5		
2018-07-06	魏××	夏令时	检测	35	2.5		
2018-07-09	苏××	夏令时	组装	60	2.5		
2018-07-09	朱××	夏令时	检测	40	1.7		
2018-07-09	陈×	夏令时	检测	32	1.7		
2018-07-09	唐××	夏令时	检测	25	1.7		
2018-07-09	魏××	夏令时	检测	40	1.7		

6. 人员奖惩

7月，根据大家半年来的工作情况，公司对部分考核优秀员工进行了通报奖励。莫××是这半年来业绩提升最大的员工，被评为"优秀业绩奖"，于××和庄××工作也特别认真，以上三名员工都获得奖金200元，并调整了薪酬等级（如附表9所示）。

附表9 员工岗位等级与调整情况

姓名	部门	岗位等级	调整情况	姓名	部门	岗位等级	调整情况
廖×	总经理办公室	六级		刘××	管理部	九级	
许×	市场营销部	九级		于××	管理部	四级	上升一级
胡×	市场营销部	七级		李××	管理部	三级	
莫××	市场营销部	三级	上升一级	李×	产品技术部	十级	

续表

姓名	部门	岗位等级	调整情况	姓名	部门	岗位等级	调整情况
申××	市场营销部	三级		魏××	产品技术部	七级	
周××	市场营销部	三级		尹××	产品技术部	八级	
刘××	市场营销部	三级		苏××	产品技术部	三级	
乔××	市场营销部	一级		朱××	产品技术部	四级	
赵××	市场营销部	一级		陈×	产品技术部	三级	
庄××	人力资源部	三级	上升一级	唐××	产品技术部	三级	
曾××	人力资源部	五级		许××	产品技术部	四级	
许×	人力资源部	一级		吴××	产品技术部	一级	
				许×	产品技术部	四级	

7. 招聘计划

针对上半年公司人员流失造成的人才缺口和新员工入职情况，各个部门陆续把本部门下半年的招聘需求整理出来并提交到人力资源部门，希望人力资源部门结合年初招聘计划，制定相应的招聘策略，从应聘人员中甄选出合适的人才。

（1）产品技术部的招聘需求

产品技术部需要招聘研发工程师 2 名，招聘的相关要求如附图 3 所示。

工作职责：

1. 对产品及技术进行创新性研究，开发新产品，改善现有产品的质量，降低生产成本。
2. 按产品及技术研发计划，保质保量按时完成所担负的研发任务。
3. 参与具体的科研项目，负责项目立项建议书和可行性报告的撰写，编制项目实施计划、经费预算，并负责计划与预算的执行。
4. 对科研项目的关键技术进行调研、分析并找到解决方案。
5. 开展科研项目的试验研究，完成试验报告和项目总结报告的撰写，在项目开展过程中，确保项目执行的质量、进度、经费等满足要求。

任职要求：

1. 热能工程、流体力学、化工机械等相关专业。
2. 本科及以上学历。
3. 大学英语四级及以上，听、说、读、写熟练。

附图 3　云城公司研发工程师职位招聘要求

（2）人力资源部的招聘需求

人力资源部需要招聘人力资源专员2名，招聘的相关要求如附图4所示。

工作职责：

1. 负责主管级以下职位的招聘。
2. 负责人事档案管理。
3. 负责每月员工社保增减操作、员工工伤申报。
4. 负责员工花名册、员工入离职报表、员工离职原因分析报表等日常人事表单的维护。
5. 负责每月工资核算。
6. 协助人事经理开展培训、绩效、劳动关系维护等工作。
7. 完成领导交办的其他工作任务。

任职要求：

1. 大专及以上学历，人力资源、工商管理类、汉语言文学或相关管理类专业。
2. 具有1年及以上人事相关工作经验，熟悉招聘、员工关系等模板。
3. 具有较强的文字综合能力和组织策划能力。
4. 工作积极主动，有较强的逻辑分析能力、团队合作能力、沟通协调能力和项目推进能力。
5. 优秀应届生亦可。

附图4　人力资源专员职位招聘要求

2018年以来，向公司投递简历的应聘人员信息如附表10和附表11所示。

附表10　应聘人员信息（1）

信息来源	应聘岗位	投递日期	姓名	性别	手机	学历	期望薪酬	身份证号
现场招聘	人事专员	2018年3月1日	江××	女	1325219××××	本科	3 000~5 000元	4228021990××××××××
网上招聘	研发工程师	2018年12月3日	谢×	男	1506899××××	硕士	3 000~6 000元	4330011992××××××××
猎头招聘	研发工程师	2018年5月1日	季××	男	1836756××××	硕士	4 000~6 500元	4330231994××××××××
网上招聘	人事专员	2018年7月18日	周×	男	1825856××××	大专	3 500~4 000元	4330231989××××××××
网上招聘	研发工程师	2018年9月9日	王××	男	1319897××××	大专	4 000~6 000元	4128281971××××××××

续表

信息来源	应聘岗位	投递日期	姓名	性别	手机	学历	期望薪酬	身份证号
网上招聘	研发工程师	2018年12月13日	卫×	男	1377889××××	高中	3 000~5 000元	5138211976××××××××
现场招聘	销售人员	2018年5月16日	黄×	女	1875852××××	本科	3 000~4 500元	4330231981××××××××

附表11　应聘人员信息（2）

姓名	职称	所学专业	婚姻状况	政治面貌	家庭地址
江××	无	会计	已婚	群众	湖北省××市××镇××村
谢×	无	电气自动化	已婚	群众	湖南省××县××乡×××村×××组
季××	副研究员	机电一体化	未婚	党员	湖南省××县×××乡×××村×组
周×	无	人力资源	已婚	群众	湖南省××县××乡×××村×组
王××	无	电气自动化	已婚	群众	河南省××县××乡×××村
卫×	无	机电一体化	已婚	群众	四川省××市××区××镇××村
黄×	无	市场营销	已婚	党员	湖南省××县×××××乡×××村